花鸟有情

出自诗词曲赋的意象

韩志英 编著

跟随经典学语文

主编 赵学文 张勇耀

山西出版传媒集团 山西教育出版社

图书在版编目（C I P）数据

花鸟有情：出自诗词曲赋的意象/韩志英编著. —太原：山西教育出版社，2016.5（2018.5 重印）

（跟随经典学语文/赵学文，张勇耀主编）

ISBN 978-7-5440-8310-2

Ⅰ. ①花… Ⅱ. ①韩… Ⅲ. ①作文课-中学-教学参考资料 Ⅳ. ①G634.343

中国版本图书馆 CIP 数据核字（2016）第 042807 号

花鸟有情：出自诗词曲赋的意象

出 版 人：雷俊林
责任编辑：崔　璨
复　　审：刘晓露
终　　审：郭志强
装帧设计：陈　晓
印装监制：蔡　洁

出版发行：山西出版传媒集团·山西教育出版社
（太原市水西门街馒头巷 7 号　电话：0351-4035711　4729801　邮编：030002）
印　　装：山西新华印业有限公司

开　　本：890×1240　1/32
印　　张：6.25
字　　数：191 千字
版　　次：2016 年 5 月第 1 版　2018 年 5 月山西第 2 次印刷
印　　数：5 001—8 000 册
书　　号：ISBN　978-7-5440-8310-2
定　　价：19.00 元

写在前面

中国，是诗的国度。从《诗经》以来三千年中国文学，基本上是以诗歌为中心的文学。诗歌是一种古老的文学体裁，与戏剧、散文、小说并称为四大文学体裁。诗、词、曲都属于诗歌的范畴，而又有各自繁荣兴盛的黄金时代。诗繁于唐，词盛于宋，曲极于元。在诗、词、曲之外，还有一种介于诗歌和散文之间的文体称为赋。它从汉代兴起，历经各个朝代。晋代文学家陆机在《文赋》里写道："诗缘情而绮靡，赋体物而浏亮。"也就是说，诗是用来抒发主观情感的，要写得华丽而细腻；赋是用来铺陈客观事物的，要写得爽朗而通畅。鉴于赋的写作特点，以及其在平时的学习中运用得相对较少，所以我们在本书中选择得也稍微少一些，但还是尽量选择诗、词、曲、赋极盛的朝代，对意象进行诠释。

那什么是意象呢？意象就是诗人的主观情意和客观物象相互交融而

形成的艺术境界，即客观之“象”，主观之“意”。简而言之，就是情与景的和谐统一。那么学习诗歌意象，有什么作用呢？同学们在学习古文时，经常会遇到类似的问题：“这首诗营造了一种怎样的意境？表达了诗人怎样的思想感情？”或者是这样的提问变体：“这首诗描绘了怎样的一幅画面？表达了诗人怎样的思想？”“这首诗描写了什么样的景物？抒发了什么样的情怀？”通常的答题步骤是：先描绘诗中展现的图景画面，接着概括景物所营造的氛围特点，最后分析作者的思想感情。在这答题中最关键的一步便是诗画中的景物概括，这“景物”便是寄寓了作者情感的一个个意象。所以只有把意象或意象群吃透，才能准确把握整首诗的意境，才能捕捉诗中所要表达的思想情感。那什么是意境呢？与意象有什么关联和区别呢？一首诗的意境好比一座完整的建筑，意象便是构成这建筑的砖石。意象是细小的、具体的单位，意境是范围大而抽象的情调和境界。意象组合，即意象群，构成了特定意义的意境。例如，马致远的《天净沙·秋思》：“枯藤老树昏鸦，小桥流水人家，古道西风瘦马。夕阳西下，断肠人在天涯。”前三句，采用了九个鲜明的意象，构成了一组意象群，即构成了一个哀愁、孤寂、荒凉、充满惆怅的意境。这些意象从整体上成为诗人抒写羁旅愁思的媒介。

在了解了本书的写作范畴之后，接下来也许大家会问：我们为什么要诵读和学习这些诗词曲赋呢？

还记得儿时摇头晃脑背诵的古诗词吗？李白的“床前明月光，疑是地上霜”，李绅的“锄禾日当午，汗滴禾下土”，孟浩然的“春眠不觉晓，处处闻啼鸟”，王之涣的“欲穷千里目，更上一层楼”，李煜的“问君能有几多愁？恰似一江春水向东流”……长大后，才知道那是李白的乡愁，那是李绅对农民辛勤劳作的描绘，那是孟浩然对大好春光的歌颂，那是王之涣在登高望远时的不凡胸襟，那是李煜作为亡国之君的无限哀愁……

自然界的一切风景，花草树木、山川河流、禽鸟鱼虫、日月风雨等，在诗人的笔下都是一个个丰富的意象，承载了诗人的喜怒哀愁。我们去读它们，除却感受诗人的情感、技法外，也在别人的心事里，寻找自己的快乐和忧伤。而经过这本书之后，我们也学会了把自己的情感托付给意象，让风景和心情在笔下相遇，让心灵拥有厚度和沉淀。

另外，还有几点说明，包括写作本书的遗憾之处。

首先，好诗是浑然天成的，讲究整体意境感受。但我们又知道，一首诗词里的意象是繁多的，为了避免古诗在多个意象章节中重复出现，也为了适应有限的篇幅，我们只能在一个意象章节中对古诗词进行句摘，但也会尽量还原古诗词的整体意境。

再次，为了便于大家对同一个意象的不同意义有明晰的把握，我们尽管分类较仔细，但无奈即使是同一意象的一个意思，它的理解也是丰富和多元的。例如“桃花”意象中，韩元吉《六州歌头·桃花》前两句:“东风着意，先上小桃枝。”单从此句来看，“小桃枝”意指早春的到来，但它也是为了引出下阕词中的怀念之人，把桃花拟人化，昔日的人面，不正像今日的桃花一般，沾惹春光吗？这首词是将咏花和怀人结合起来的。所以，如果要对一首诗词中的字词作深入分析，大家还是要辩证理解，联系全篇而思，不能断章取义。

最后，我们以每一个意象作为每一节的核心，尽量以诗词写作时间排列。如诗词存在创作背景类似或有意象化用的情况出现，则会打乱年代，以诗意为主排列，便于读者理解和记忆。

在中国古代文学的阆苑里，诗词曲赋是一块芬芳绚丽的园圃。我们在这园圃里，赏风景，访诗心，寻诗意，第一眼看到的总是惹眼的景，闻见的也是飘满的花香，总不免有遗漏的地方和不足之处，希望读者不吝指出，我们将在下次修订时及时修改，在此也对您表示感谢！

目录

第一编 草木花卉篇

第二编 禽鸟鱼虫篇

第三编

日月风雨篇

第四编

事物器具篇

第五编 山水色彩篇

第六编 时间空间篇

第一编

草木花卉篇

一棵小草，一朵鲜花，一株大树，无论是张扬盛开，还是静默枯萎，都载着诗人的情思自古而来。柳的不舍，丁香的愁结，梧桐的悲秋，桃花的美好，芳草的离恨，花开的闲适，花落的寂寞，梅兰竹菊的高洁，芦花杨花的飘零，萱草的母爱，后庭花的国恨，都在诗人笔下或优雅或忧郁地流淌。如若心伤，雍容华贵的牡丹也是点点忧伤，嫣然妖娆的桃花也是悲情满满；如若心悦，梧桐也高洁，落花也有情；如说花草不大，一根向南的枝头上也寄托着对故土深深的思念；如说花草不小，“红了樱桃，绿了芭蕉”的流光，花开花落的时光，都在叙说白驹过隙的短暂。自然界的花花草草，诗人的喜怒哀乐，就这样休戚相关，情景相依。

这样的草木花卉，不但有情，而且情深义重。春来柳绿，夏来花开，秋来果熟，冬来草眠，在生命轮回的四季，无论草莽繁花，还是草枯花落，注定诗情满满。欣赏自然，体悟情感，精神可以山高水长，文章也可笔下生花。

柳：拂水飘绵送行色

以柳示春，绿柳是春天的标志。

早春的柳树有唐代贺知章的《咏柳》：“碧玉妆成一树高，万条垂下绿丝绦。不知细叶谁裁出，二月春风似剪刀。”宋代李清照笔下的初春之柳：“染柳烟浓，吹梅笛怨，春意知几许！”（《永遇乐》）清人杨昌浚在赞誉左宗棠的诗中云：“新栽杨柳三千里，引得春风度玉关。”这首诗歌颂左宗棠引兵入疆，不仅立功于边陲，还在空隙时间悉心改善边疆环境，发动军队在天山南北夹道植柳造林。后来人们便将这些连绵千里、绿如帏幄的柳树称为“左公柳”。

苗条似柳，象征爱情、女子。

唐代韩翃《章台柳·寄柳氏》：“章台柳，章台柳，昔日青青今在否？”以柳暗喻其宠姬。宋代欧阳修的《生查子·元夕》：“月上柳梢头，人约黄昏后。”以柳暗示爱情初萌的欢悦。宋代贺铸《六么令》：“宛溪杨柳，依旧青青为谁好。”以柳喻相思春情。宋代陆游《沈园二首》：“梦断香销四十年，沈园柳老不吹绵。”以柳怀人，伤情难诉，暗喻离别。

由于“柳”“留”谐音，古人在送别之时，往往折柳相送，以表达依依惜别的深情。

《诗经·小雅·采薇》：“昔我往矣，杨柳依依；今我来思，雨雪霏霏。”柔弱的杨柳摇摆不定的形体，最能传递亲友离别时依依难舍之情。

唐代李白《忆秦娥》："箫声咽，秦娥梦断秦楼月。秦楼月，年年柳色，灞陵伤别。"折柳赠别的习俗在唐时最盛，唐代西安的灞陵桥，是当时人们离别长安的必经之地，而灞陵桥两边又是杨柳掩映，于是就成了古人折柳送别的著名地方。后世就把"灞桥折柳"作为送别典故的出处。故晚唐温庭筠有"绿杨陌上多别离"的词句。宋代柳永在《雨霖铃》中以"今宵酒醒何处，杨柳岸、晓风残月"来表达别离的伤感之情。宋代周邦彦《兰陵王·柳》："柳阴直，烟里丝丝弄碧。隋堤上、曾见几番，拂水飘绵送行色。登临望故国，谁识京华倦客？"隋堤柳只管向行人拂水飘绵表示惜别之情，并没有顾及送行的京华倦客。其实，那欲归不得的倦客，其心情才更悲凄呢！词人寓情于景，抒发怀才不遇之感慨。

堤柳堆烟，能触发如烟往事，常被用来抒发兴亡之感。

唐朝花间派词人韦庄《台城》中的"无情最是台城柳，依旧烟笼十里堤"，抒发了对六朝的怀思。诗人说台城柳"无情"，是一种拟人、移情的手法，委婉表达了自然景物的不变和人事的转瞬沧桑，抒发无可奈何的心情。李白《苏台览古》："旧苑荒台杨柳新，菱歌清唱不胜春。"吴国旧苑荒台上的杨柳抽出新枝丫，柳岸湖中传来的小调让这无限春光更添诗情。诗人以杨柳的繁茂衬托荒凉。

柳，多种于檐前屋后，象征故乡。

李白《春夜洛城闻笛》："谁家玉笛暗飞声，散入春风满洛城。此夜曲中闻折柳，何人不起故园情。"不知谁家精美的笛子吹奏出悠扬的笛声，随风传入洛城。今夜听到《折杨柳》的曲子，哪个人不思念故乡呢？该诗化用乐府《横吹曲词·折杨柳歌辞》"上马不捉鞭，反折杨柳枝。蹀座吹长笛，愁杀行客儿"的诗意，抒发思乡之情。

如果我们涂鸦一幅春景图，柳绿是其主要色调；如果我们写就一篇惜别文，不舍、留恋是基调；如果我们形容一位美女，纤纤细长，"柳"是不可少的形容词；如果我们旅居异乡，脑海心底会不时涌现家乡的月、井，屋前的柳、河……这一切的涂、写、描、思，都与"柳"这个意象有关。柳，由其颜色嫩绿，可及春天；由其与"留"谐音，可及别情；由其形态纤细，可及女子；由其生长环境，可及乡情……站在岸边柳树旁，满眼春绿，漫天飞絮，细枝随风拂面，那时我们的心中必定会充满诗意，写文章时自然能妙笔生花。

梅：疑是经冬雪未销

梅格：高洁脱俗的风骨，不同流合污的心志。

南朝鲍照的《梅花落》："中庭杂树多，偏为梅咨嗟。问君何独然？念其霜中能作花，露中能作实。摇落春风媚春日，念尔零落逐寒风，徒有霜华无霜质。"通过对耐寒梅花与软弱动摇杂树的对比，表达了对旷达贤士的赞扬和对节操低下的士大夫的蔑视。唐代张谓的《早梅》："一树寒梅白玉条，迥临春路傍溪桥。不知近水花先发，疑是经冬雪未销。"一树梅花凌寒开放，远离村路，靠近水边。不知道因为靠近水旁而先开花，还以为是经冬未消融的雪呢。前两句表现梅花不流于俗、特立独行的高洁品格，后两句着重写梅花开放得"早"。宋代苏轼《少年游·咏红梅》："好睡慵开莫厌迟。自怜冰脸不时宜。偶作小红桃杏色，闲雅，尚馀孤瘦雪霜姿。 休把闲心随物态，何事，酒生微晕沁瑶肌。诗老不知梅格在，吟咏，更看绿叶与青枝。"这首词是苏轼被贬期间，通过歌咏红梅，表达自己身处穷厄而不苟于世、洁身自守的人生态度。

探梅人，象征隐者高士。

元代张可久《天净沙·鲁卿庵中》："青苔古木萧萧，苍云秋水迢迢，红叶山斋小小。有谁曾到？探梅人过溪桥。"作者探访隐居山斋的朋友鲁卿，描绘了山斋幽静古朴的环境，流露出对隐逸生活的赞美。探梅，即探访隐士高人。

霜雪美人。

唐代柳宗元《龙城录》中记载梅花传说，隋开皇中，赵师雄于寒冬时节在罗浮山中见一淡妆素服的美人，此女便是梅花所化。于是，后世常以梅花比美人，不仅因为它本身具有美人姿态，还因为它有清冷淡雅的美。

宋代姜夔《疏影》："想佩环、月夜归来，化作此花幽独。"写王昭君的月夜归魂，给梅花形象增添了血肉。"客里相逢，篱角黄昏，无言自倚修竹。"化唐代杜甫《佳人》诗："绝代有佳人，幽居在空谷……天寒翠袖薄，日暮倚修竹。"词人改佳人为梅花，认为梅花就是佳人，都有孤高的特点。再如元末明初高启的《咏梅九首》（其一）："雪满山中高士卧，月明林下美人来。""高士""美人"均指梅花。

折梅寄友，成为传递情感与祝福的媒介。

北魏陆凯《赠范晔诗》："折梅逢驿使，寄与陇头人。江南无所有，聊寄一枝春。"折梅花的时候恰遇信使，于是将花寄给身在陇头的你。江南也没什么可以赠送，就寄去一枝代表春意的梅花吧。诗人折梅花寄赠友人，不但告诉友人再过不长的时间春天就将到达北方，而且还表明两人的友情如经严寒而不凋谢的梅花一样坚贞。南朝民歌《西洲曲》"忆梅下西洲，折梅寄江北"，也是以梅花为契约，期望打动对方。唐代王维《杂诗三首》（其二）："君自故乡来，应知故乡事。来日绮窗前，寒梅著花未？"游子向故乡来人询问家中情况，一开口不是家人如何，而是窗前寒梅是否开花。也许关于梅花有一段故事：是与相爱相思的妻子一起栽种？或许那是两人感情的见证？或许是家乡的象征？无论是哪一种，梅花都是游子情感的寄托。宋代吕本中《踏莎行》："记得去年，探梅时节。老来旧事无人说。"记得去年梅花开放的季节，和情人一起赏梅，如今物是人非，只能是"犹恨轻离别"了。

鲁迅先生曾精辟地用梅花作比："中国真同梅树一样，看它衰老腐朽到不成一个样子，一忽儿挺生一两条新梢，又回复到繁花密缀，绿叶葱茏的景象了。"他还请人为他篆刻"只有梅花是知己"的石印，抒发自己的高洁情操。可见，梅花在中国文人眼中是不同于其他花卉的，它的高洁更是与众不同。从一个人的品行到一个国家的兴衰，梅花是一个起兴，也是一个象征。而当梅花落在我们的笔下时，无论是坚贞、美丽，还是高洁、隐逸，都要如元人王冕赞墨梅那样："不要人夸颜色好，只留清气满乾坤。"在此借用，可为"不要人夸文字好，且留文心满乾坤"。

菊：满城尽带黄金甲

故乡菊，象征游子思乡。

南朝江总《于长安归还扬州九月九日行薇山亭赋韵》："心逐南云逝，形随北雁来。故乡篱下菊，今日几花开。"心随着南逝的流云而动，身体向着北雁而来，不知故乡篱下的菊花，花事如何。诗人身心都向往着故土，这种深入骨髓的眷恋却只能浅浅地问一句故乡的菊花如何。唐代岑参《行军九日思长安故园》："强欲登高去，无人送酒来。遥怜故园菊，应傍战场开。"重阳节到，诗人勉强登高，可却无酒无花，只能遥望故国，想到长安的菊花在鲜红的战场边开放，那样的场景令人心生悲意。杜甫《九日五首》（其一）："重阳独酌杯中酒，抱病起登江上台。竹叶于人既无分，菊花从此不须开。殊方日落玄猿哭，旧国霜前白雁来。弟妹萧条各何在，干戈衰谢两相催！"重阳节到，诗人却客寓他乡，抱病登高，因病无法喝酒，于是也无心赏菊，遂"命令"菊花从此不准再开。听猿啼，看雁来，继而又想念家乡亲人，诗人感叹，致人相思的是兵战和衰老呀，抒发忧时伤怀之情。另一首《秋兴八首》（其一）："丛菊两开他日泪，孤舟一系故园心。"两年丛菊两次开放，均在不同地方欣赏，而没有一处是在故园，所以每次看都流下了伤心的泪。孤舟一叶，不能前往长安，心也随之系上，停留在故乡边上。张可久《清江引·秋怀》："西风信来家万里，问我归期未？雁啼红叶天，人醉黄花地，芭蕉雨声秋梦里。"家信来问归期，可归日遥遥无期，只能抬头看那传信的鸿雁能否帮忙，可它也在为"我"悲鸣。菊花满地，却不是故园的菊花，思念家乡未能回，只能在梦里回去了。

独立疏篱，不与百花同时盛开，象征勇者的豪情壮志，比喻高洁、坚贞的情操。

唐代黄巢《不第后赋菊》："待到秋来九月八，我花开后百花杀。冲天香阵透长安，满城尽带黄金甲。"诗人一写菊花开在百花之后，能经得起霜雪击打，具有顽强的生命力；二写菊花香气四溢，长安城里尽是菊花黄。整首诗以菊花的性格和气势来比喻农民革命风暴势如破竹的劲头。宋代郑思肖《画菊》："花开不并百花丛，独立疏篱趣未穷。宁可枝头抱香死，何曾吹落北风中。"菊花孤傲绝俗，不与百花同时开放，它宁可自己在枝头枯黄凋落，也不被北风吹落，表现了诗人坚守高尚节操，绝不投降的意志。

战国时期屈原《离骚》："朝饮木兰之坠露兮，夕餐秋菊之落英。"诗人以饮露餐花象征自己志洁行芳。杜甫曾说："寒花开已尽，菊蕊独盈枝。"唐人元稹的《菊花》更直接："秋丛绕舍似陶家，遍绕篱边日渐斜。不是花中偏爱菊，此花开尽更无花。"诗歌描绘了一幅在秋日傍晚于菊花丛中赏花吟诗而忘记归途的画面，表达了诗人对坚贞、高洁品格的追求。苏东坡一句"菊残犹有傲霜枝"，既赞菊花的品格，亦隐喻自己高洁的情操。

东篱采菊，象征隐者的闲淡脱俗。

东晋陶渊明开田园诗一体。《饮酒》（其五）："采菊东篱下，悠然见南山。"诗人踱着小步，悠然地在园中采摘菊花，偶尔抬头远望，目光正好与南山相遇，反映了诗人淡远、闲逸的生活情趣。《归去来兮辞》："三径就荒，松菊犹存。"寄寓了诗人的田园之思。唐代孟浩然《过故人庄》："待到重阳日，还来就菊花。"诗人被田园恬淡的生活深深吸引，临别时忍不住和田庄主人相约，明年重阳再来一起喝酒赏菊。"菊花"在此明指喝酒赏花，暗喻诗人的隐逸之情。唐代皎然《寻陆鸿渐不遇》："移家虽带郭，野径入桑麻。近种篱边菊，秋来未著花。"诗人寻访好友陆鸿渐未遇，描绘了隐士超然脱俗的生活境况。宋代叶梦得在《水调歌头》中写自己告老还乡之后晚年的生活环境："秋色渐将晚，霜信报黄花。"黄花，即菊花。

象征美人。

汉武帝刘彻《秋风辞》："兰有秀兮菊有芳，怀佳人兮不能忘。"兰、菊，在此指佳人。

蕴含怀思的淡淡哀愁。

李清照《醉花阴》："东篱把酒黄昏后，有暗香盈袖。莫道不销魂，帘卷西风，人比黄花瘦。"词人婚后与夫君分隔两地，重阳节也无法相聚，只能独自把酒赏菊，菊花的清香充盈双袖，可这香味飘得再远也无法到达远人所在的地方。帘卷西风，别说菊花那纤长的花瓣，人没有它经霜而开的坚强，倒是思念令人比它还瘦弱。这时虽是思念令人愁，但毕竟远人还在，赏菊也算是雅致的活动，但靖康之变后，李清照遭遇国破家亡夫死，发现花也如人般憔悴不堪，于是就有了《声声慢》"满地黄花堆积。憔悴损，如今有谁堪摘"的沉郁凄婉。宋代晏几道《蝶恋花》："黄菊开时伤聚散。曾记花前，共说深深愿。重见金英人未见。相思一夜天涯远。"当日分别时，正好是菊花开放时，而今黄菊再开，你却未归，令相思更深更远。黄菊在此成了聚散离合的标志。清代徐灿《菩萨蛮》："时节是重阳，菊花牵恨长。"重阳节如果人不能团圆，那么菊花这个吉祥物也成了相思的源头。

金秋时节，无论是秋游赏叶，还是重阳登高，菊花都是绝对的主角。一边是落叶、菊花俱黄的满城黄色，一边是饮菊花酒登高"倍思亲"的重阳佳节，菊花似乎占据了整个秋天的色彩和情感。看着暖暖的黄色，赏着纤长的菊瓣，相信凋零的秋色不再是伤感，淡淡的思绪会绵延无尽。而这种闲庭信步的悠然，是秋的馈赠，更是菊花的本真。当我们将秋游所见所闻所思融入文字中，再辅之以古代文人的诗词和情思，一篇佳作就呼之欲出了，而在这写作文的过程中，何尝不是对我们思维的另一种开拓，对性情的另一种滋养？

兰：幽独空林色，朱蕤冒紫茎

吉祥、爱情的象征。

《诗经·郑风·溱洧》："溱与洧，方涣涣兮。士与女，方秉蕑兮。"蕑，jiān，泽兰。郑国每年春季溱水和洧水涨时，男男女女手执泽兰，在清澈的河水边招魂续魄，拔除不祥，并且在这个大集会中，青年男女可以互相结识游玩。兰花，既是吉祥的象征，又是爱情的信物。同样意境的还有《九歌·湘夫人》中的"沅有茝兮醴有兰，思公子兮未敢言"。明代李梦阳《湘妃怨》："采兰湘北芷，搴木澧南浔。"娥皇、女英"采兰"，欲送给自己的心上人，即舜帝。

意为高洁，喻君子。

将兰草全面雅化，作为一种人性标榜的，是屈原。他在《离骚》中写道："扈江离与辟芷兮，纫秋兰以为佩"；"余既兹兰之九畹兮，又树蕙之百亩"；"朝饮木兰之坠露兮，夕餐秋菊之落英"。屈原把兰草作为自己"内美"的象征，作为诛除邪恶、抗拒流俗的方式。唐张九龄《感遇》："兰叶春葳蕤，桂华秋皎洁。欣欣此生意，自尔为佳节。"诗人以兰、桂自比其高洁，用比兴手法，书写了孤芳自赏、不求人知的情怀。唐陈子昂《感遇》："兰若生春夏，芊蔚何青青！幽独空林色，朱蕤冒紫茎。迟迟白日晚，袅袅秋风生。岁华尽摇落，芳意竟何成！"兰草、杜若风姿绝世却摆脱不了在深林中悄然凋落的凄凉，暗喻诗人才华出众却无法施展的苦闷心情。

兰喻美人。

三国时期曹植有《美女篇》曰："顾盼遗光彩，长啸气若兰。"写出了美女顾盼之间，光华四溢；发出声音，气若兰香。

胡适写有一首《兰花草》的诗作，后来还被改编为一首大家耳熟能详的歌曲：“我从山中来，带着兰花草。种在小园中，希望花开早。一日看三回，看得花时过。兰花却依然，苞也无一个。转眼秋天到，移兰入暖房。朝朝频顾惜，夜夜不能忘。期待春花开，能将夙愿偿。满庭花簇簇，添得许多香。”从歌词中我们能够体会到诗人盼望兰花开的心情，何尝不是心怀满满的希望？所以这首歌名为《希望》。诵读着兰花诗词，深吸着香草气味，感受着兰花情怀，思考着兰花品质，期待我们都能写就一篇篇“兰章”。

竹：咬定青山不放松

虚心竹有千千节，象征坚贞、高洁、刚正有节的品质。

唐代白居易在《养竹记》中，以竹喻人生，晓以树德修身的处世之道：“竹似贤，何哉？竹本固，固以树德，君子见其本，则思善建不拔者。竹性直，直以立身；君子见其性，则思中立不倚者。竹心空，空似体道；君子见其心，则思应用虚受者。竹节贞，贞以立志；君子见其节，则思砥砺名行，夷险一致者。夫如是，故君子人多树之，为庭实焉。”张九龄《和黄门卢侍御咏竹》赞美竹子：“高节人相重，虚心世所知。”苏轼在《於潜僧绿筠轩》有咏竹名句：“宁可食无肉，不可居无竹。无肉令人瘦，无竹令人俗。人瘦尚可肥，士俗不可医。”将竹视为名士风度的最高标志。清朝郑板桥一生咏竹画竹，留下了很多咏竹佳句，如《竹石》：“咬定青山不放松，立根原在破岩中。千磨万击还坚劲，任尔东西南北风。”赞美了立于岩石之中的翠竹坚定顽强、不屈不挠的风骨，抒写了诗人坚定高洁的志行。

竹子生长的地方，多是幽静之所，流露着作者闲适、恬静、幽然的生活向往。

陶渊明《桃花源记》："土地平旷，屋舍俨然，有良田美池桑竹之属。"唐代张祜《题重居寺》："竹径深开院，松门远对山。"王维《竹里馆》："独坐幽篁里，弹琴复长啸。深林人不知，明月来相照。"幽篁即幽深的竹林。作品写诗人独处竹林悠闲怡悦、尘虑皆空、忘乎其形的情态。唐代姚合《题填将军宅》："栖禽恋竹明犹在，闲客观花夜未休。"柳宗元《小石潭记》："从小丘西行百二十步，隔篁竹，闻水声，如鸣佩环，心乐之。"从小丘向西走，隔着竹林，可以听到水声，就像身上佩带的环佩碰击发出的声音，听着，心里很是高兴。唐代常建《题破山寺后禅院》："竹径通幽处，禅房花木深。""竹径通幽处"也被后人改为"曲径通幽处"。

借湘妃竹典故，抒发诗人情感。

唐代刘禹锡《潇湘神》："斑竹枝，斑竹枝，泪痕点点寄相思。楚客欲听瑶瑟怨，潇湘深夜月明时。"诗人借咏斑竹以寄怀古之幽思。唐代施肩吾《湘竹词》："万古湘江竹，无穷奈怨何。年年长春笋，只是泪痕多。"宋代诗人释斯植《湘竹词》："湘魂何自怨，千古尚名存。不种庭边竹，那知有泪痕。"

"诗鬼"李贺写有《昌谷北园新笋四首》，第一首写晶莹如玉的新竹，生机无限，如遇时机，便会"更容一夜抽千尺，别却池园数寸泥"。第二首刮竹写怨，抒发了诗人不遇于时的"恨"："斫取青光写楚辞，腻香春粉黑离离。无情有恨何人见？露压烟啼千万枝。"第三首歌颂竹子顽强的生命力："家泉石眼两三茎，晓看阴根紫脉生。今年水曲春沙上，笛管新篁拔玉青。"第四首写在风雨飘摇中的老竹，充满无所作为的牢骚与无可奈何的悲哀。

如果去游览大山，一定要仔细观赏"咬定青山不放松"的竹子是怎样的顽强，在杳无人迹的环境里，还能拔地而起，亭亭直立，显示自己的高风亮节；如有机会置身一片竹林，一定要好好体味"隔竹闻水声"的幽静，感受"栖禽恋竹"的深情；如果居于田园，一定要有"良田美池桑竹"环绕，或有"竹径深开院"的"曲径通幽"。去欣赏竹子的坚贞，去领略竹林的幽深，去享受竹院的惬意，那样，我们文章中的竹子就是外刚内柔的丰满意象，我们笔下的竹子就能穿越千古历史，让那点点相思在今日有了凄美的曾经。如此，我们的文章中不但能与王维同享、与郑板桥同品竹的萧萧竹韵，还可与张九龄同赏、与岑参同赞竹之思想，感受生命的真谛。

莲：红衣脱尽芳心苦

莲花，即芙蓉花、荷花。由于“莲”与“怜”音同，借以表达爱情。

汉乐府《江南》：“江南可采莲，莲叶何田田，鱼戏莲叶间。”这是一首“隐语”式的情歌。在《西洲曲》中也可得到验证：“采莲南塘秋，莲花过人头。低头弄莲子，莲子清如水。置莲怀袖中，莲心彻底红。”“莲子”谐“怜子”，“清如水”指爱恋之情纯洁如清水，“彻底红”是说爱得极为热烈。这里是实写也是虚写，语意双关，采用谐音双关的修辞，表达了一个女子对所爱男子的相思之情。白居易的《采莲曲》：“菱叶萦波荷飐风，荷花深处小船通。逢郎欲语低头笑，碧玉搔头落水中。”此诗中的少女一个人悄悄地摇着木桨去约会，见到情郎却羞涩得不知如何是好。南朝民歌《子夜歌》(其三十五)：“雾露隐芙蓉，见莲不分明。”雾气露珠隐去了荷花的真面目，莲叶可见但不甚分明，诗人采用谐音双关、隐喻的方法，说明男方的态度含混不明，使女方“见莲不分明”。唐代孟郊《怨诗》：“试妾与君泪，两处滴池水。看取芙蓉花，今年为谁死！”一位傻气的妇人，要与夫君比试谁对谁的思念多一点，便说欲将相思之泪滴进莲花池，看莲花被谁的泪水浸死。真是奇特的想象啊！而用绣着芙蓉的床帐来诠释爱情的，诸如白居易的《长恨歌》“云鬓花颜金步摇，芙蓉帐暖度春宵”，以及“七律圣手”李商隐的《无题》“蜡照半笼金翡翠，麝熏微度绣芙蓉”。

出淤泥而不染，是洁身自好、高洁情操的象征。

《离骚》：“制芰荷以为衣兮，集芙蓉以为裳。不吾知其亦已兮，苟余情其信芳。”诗人要把碧绿的荷叶裁成上衫，把洁白的荷花缀成下裳。没人知道也无所谓，只要内心真正的芬芳。莲花是屈原美好、高洁人格的象征。柳宗元《登柳州城楼寄漳汀封连四州》：“惊风乱飐芙蓉水，密雨斜侵薜荔墙。”芙蓉与薜荔，象征人格的美好与芳洁。荷花长于水中，可是疾风却要胡乱地翻动水波；薜荔扶墙蔓生，可是密雨却要斜侵而入。诗人以此感叹自己和友人二度遭贬，客居异乡，世路艰难。贺铸《踏莎行》：“杨柳回塘，鸳鸯别浦，绿萍涨断莲舟路。断无蜂蝶慕幽香，红衣脱尽芳心苦。”“回塘”是曲折的池沼，与“别浦”同是红莲生长的偏僻环境，所以因幽洁而无处觅知音。

美如清水芙蓉，象征妙龄女子。

李白《妾薄命》：“昔日芙蓉花，今为断肠草。以色事他人，能得几时好。”此处“芙蓉花”指陈皇后阿娇年轻惊艳的面容。王昌龄《采莲曲》：“荷叶罗裙一色裁，芙蓉向脸两边开。乱入池中看不见，闻歌始觉有人来。”罗裙与荷叶一样碧绿，芙蓉花和女子的脸庞一样红艳，采莲女好似和大自然融为一体，如果不是歌声从池中传来，也不觉得会有人隐匿于芙蓉池中。宋代张琼英《满江红·题南京夷山驿》：“太液芙蓉，浑不似、丹青颜色。”太液原指唐代长安城东大明宫内的太液池，此处借指南宋宫廷。南宋宫廷破损，嫔妃憔悴，完全不是旧时的模样了。芙蓉，喻宫廷女子姣好的面容。

我们早已熟知莲“出淤泥而不染”的高洁品质，却不甚了解荷花的另一种美：其红艳娇嫩的花朵，像极了少女娇红的双颊；其盈盈如贝、迎风而愈娇的形姿，更似娇艳、婀娜的女子。在古代文人的笔下，莲俨然是一位妙龄女子，既有融于自然的朴素，又有出于宫廷的华贵。而如此让人心动的女子身边最不缺的便是男子的爱慕，于是便有了“鱼戏莲叶间”的嬉戏，有了绣着芙蓉花的暖帐，有了见池中芙蓉花而泪奔的思念……

橘：经冬犹绿林

丹橘之志，象征坚贞品格。

屈原《楚辞·九章·橘颂》："后皇嘉树，橘徕服兮。受命不迁，生南国兮。""苏世独立，横而不流兮。"橘啊，皇天后土生育了你，生来就服习这土地。你的禀性坚贞不移，在这南国的土地上生息。你远离这浊世，超然孤独，自我约束，绝不放纵自流。诗人以橘寄志，表达深厚的爱国情感和矢志不移的高尚情操。张九龄《感遇》："江南有丹橘，经冬犹绿林。"丹橘经冬犹绿，诗人赞美丹橘和松柏一样具有耐寒的品质，是富有深意的，意在说明朝政的昏暗和诗人坎坷的身世。苏轼《赠刘景文》："一年好景君须记，最是橙黄橘绿时。"一年中最美好的风景，莫过于橙黄橘绿时的初冬景色。而橘树和松柏一样，代表人的高尚品格和坚贞的节操，在此诗人含蓄地赞扬了刘景文的品格和秉性。

极写贵族生活豪华奢侈。

杜甫《自京赴奉先县咏怀五百字》："劝客驼蹄羹，霜橙压香橘。"在贵族庭院里，劝客人品尝的，是驼蹄羹汤、香橙、金橘，它们都来自遥远的南方。各种珍品尽情享受，不需爱惜。而唐玄宗要求李白粉饰宫中乐事，便有了《宫中行乐词八首》，第三首中有曰："卢橘为秦树，蒲桃出汉宫。"苑林中长着卢橘，宫廷中种着葡萄。卢橘、葡萄是果中珍品，写尽皇宫的豪华绮艳行乐之事，充满讽刺。

橘柚飘香，清秋来到。

李白《秋登宣城谢朓北楼》："人烟寒橘柚，秋色老梧桐。"深碧色的橘柚林掩映在烟雾缭绕之中，深秋景色使梧桐显得有苍老之意。五代时孙光宪有《浣溪沙》："蓼岸风多橘柚香。"深秋时节，长江两岸蓼花盛开，橘柚飘香。

当你吃橘子的时候，是几口就囫囵吃完，还是先端详它的橙黄色，圆形状，然后嗅它的清香，沁入心扉，然后剥皮，很美的造型，再细细剥去橘丝，一瓣一瓣地放入嘴中，舒缓地吞咽，享受被挤出来的橘子汁的甜香。这样一个过程像是在弹奏一首乐曲。这样对待橘子的态度，就像对待我们的人生，要仔细去体会路上的艰辛和喜悦。读这些与橘有关的诗作也一样，要用心地诵读，真切感受诗人当时写诗的心情，他们赋予橘的意义，是我们写文章时的中心所在。

草：江春不肯留行客

芳草，喻离恨。

《楚辞·招隐士》："王孙游兮不归，春草生兮萋萋。""萋萋"是形容春草茂盛。面对茂盛的春草，而怀思行游未归之人。由此化出的诗句很多，如王维的《山中送别》："春草明年绿，王孙归不归？"白居易的《赋得古原草送别》："离离原上草，一岁一枯荣。野火烧不尽，春风吹又生。远芳侵古道，晴翠接荒城。又送王孙去，萋萋满别情。"前六句写草根植大地，具有顽强的生命力。最后两句生出新意，不是面对草色思念远人，而是在草色中送别。同样的，乐府诗《饮马长城窟行》："青青河畔草，绵绵思远道。"草色又青，伊人未归，思念如草色一样绵延不绝，伸向远方。"五言长城"刘长卿在《送李判官之润州行营》中也写道："江春不肯留行客，草色青青送马蹄。""千古词帝"李煜也说："离恨恰如春草，更行更远还生。"(《清平乐》)还有范仲淹的《苏幕遮》："山映斜阳天接水，芳草无情，更在斜阳外。"

以草木繁盛反衬荒凉，抒发盛衰兴亡、物是人非的感慨。

唐代李约《过华清宫》："玉辇升天人已尽，故宫惟有树长生。"君主追求淫逸，将国计民生的大事看得很轻。结果，兵变作乱，帝后升天，唯有千年长生树仍直直地长在那里。杜甫《蜀相》："映阶碧草自春色，隔叶黄鹂空好音。"杜甫拜谒诸葛亮祠，目睹映绿石阶的青草，年年自生春色，耳闻黄鹂发出婉转美妙的叫声，慨叹往事空茫，深表惋惜。另一首《春望》："国破山河在，城春草木深。"用"草木深"写出国破之后荒凉的景象，抒发诗人的忧国忧思之痛。刘禹锡《乌衣巷》："朱雀桥边野草花，乌衣巷口夕阳斜。"黄昏时分的乌衣巷景象，不禁令诗人抚今追昔，感慨沧桑。"野草花"意味荒凉，"夕阳斜"意味没落。姜夔《扬州慢》："过春风十里，尽荠麦青青。"词人路经扬州城，看到了在"胡马窥江去后"令人痛心不已的残败景象：春风十里，十分繁华的扬州路，如今长满了青青荠麦，已是一片荒凉了。辛弃疾《永遇乐·京口北固亭怀古》："斜阳草树，寻常巷陌，人道寄奴曾住。"词人由夕阳斜照下的荒草杂树和普通的街巷回忆英雄人物，笔调沉雄凄婉，意境苍凉悲壮，寄寓了对国事的感慨和忧虑。南宋吴文英《夜合花》："故人楼上，凭谁指与，芳草斜阳。"表达诗人惜故人不见，谁与诉愁的物是人非之感慨。

象征幽静环境，表达对闲适恬淡生活的喜爱。

杜牧《洛阳长句二首》（其一）："草色人心相与闲，是非名利有无间。"诗人以碧绿的草色比喻消闲的人心和淡泊宁静的情怀。唐代韦应物《滁州西涧》："独怜幽草涧边生，上有黄鹂深树鸣。""独怜"是偏爱的意思，偏爱幽草，流露着诗人恬淡的胸怀。唐代贾岛《题李凝幽居》："闲居少邻并，草径入荒园。"诗人走访好友李凝，只见一条杂草丛生的小径通向园中，周围并无人家居住，显示了隐士居所远离尘嚣，追求闲适生活的态度。

抒发惜春爱春的情感。

白居易《钱塘湖春行》："乱花渐欲迷人眼，浅草才能没马蹄。"几个花草的意象，显示出蓬勃的春意。与韩愈《早春呈水部张十八员外》"天街小雨润如酥，草色遥看近却无"一样，均写早春景色。

草木仿佛是一位见证人，它默立大地，静观世事，无论是朝代更迭的刀光剑影，还是人们生死聚散的凄楚欢欣，它如老者一般看世事如浮云，又如孩童一般视万物为希望。它不仅随着四季的更替演绎不同时节的风情，还让我们体味生命的可贵，领略时间的沧桑，敬畏自然的神奇。春生了，它是希望的绿光；秋枯了，它是坚强的代言人。拥抱一棵大树，我们看到了高度；凝视一棵小草，我们明白了谦虚。“草木人生，人生草木”，如此这般，我们难道还愁笔下无文章吗？

梧桐：夜久无眠秋气清

叶落悲秋，营造凄凉、悲伤、孤寂的意境。

梧桐是悲秋的象征。中国古代文人有“悲秋”情结，四季之中，秋天万物凋零，最易触发人的悲凉情绪，而梧桐树是典型的落叶乔木，“望秋先殒”，所谓“一叶落而知天下秋”。所以，用梧桐来写悲秋，就成为古人常用的手法。

王昌龄《长信秋词五首》（其一）：“金井梧桐秋叶黄，珠帘不卷夜来霜。熏笼玉枕无颜色，卧听南宫清漏长。”这首诗的意象甚多：“金井”“梧桐”“秋叶”“珠帘”“夜霜”“熏笼”“玉枕”“南宫”“清漏”。其中，“梧桐”“秋叶”“夜霜”象征寒冷和失落，“珠帘”“熏笼”“玉枕”“南宫”则暗示诗中的女子是一位宫中人物。“清漏”，指古代报时器，利用滴水和刻度来指示时辰。把梧桐和秋联系得最妙的当属李煜的《相见欢》：“寂寞梧桐深院锁清秋。”清秋来袭，梧桐树只剩下光秃秃的枝丫。一个“锁”字境界全出，蕴含词人的万千愁绪，悲凉至极，真是“别是一般滋味在心头”。以梧桐表闺怨的集大成者当属李清照的“梧桐更兼细雨，到黄昏、点点滴滴。这次第，怎一个愁字了得！”（《声声慢》）意象与意境相扣，勾起了人们的满腔愁绪和无限遐思。唐代温庭筠《更漏子》：“梧桐树，三更雨，不道离情正苦，一叶叶，一声声，空阶滴到明。”宋代朱淑真《秋夜》：“夜久无眠秋气清，烛花频剪欲三更。铺床凉满梧桐月，月在梧桐缺处明。”此诗中，“凉床”“月影”和“梧桐”共同营造出孤寂的意境。北宋晏殊《清平乐》中的“金风细细，叶叶梧桐坠”，在细致的笔触中透露出淡淡的哀愁。元人徐再思《双调水仙子·夜雨》中的“一声梧叶一声秋，一点芭蕉一点愁，三更归梦三更后”，以梧桐叶落和雨打芭蕉写尽了愁思。

凤非梧不栖，象征高洁美好的品格。

庄子有曰：“南方有鸟……非梧桐不止。”诸葛亮吟道：“凤翱翔于千仞兮，非梧不栖；士伏处于一方兮，非主不依。”庄子笔下的鸟即凤凰，凤凰非梧桐不栖，表明凤的志向，也可见梧桐的高贵。《诗经·大雅·卷阿》：“凤凰鸣矣，于彼高冈。梧桐生矣，于彼朝阳。”凤凰和鸣，飞过高冈；梧桐茂盛，面向朝阳，诗人用此意象来象征品格的高洁美好和君臣相得的和谐气氛。虞世南《蝉》：“垂緌饮清露，流响出疏桐。居高声自远，非是藉秋风。”蝉和疏桐的双重意象使作品流露出清华高洁之气。

“梧”与“吾”谐音，象征爱情。

忠贞不渝的爱情是最令人动容的，如孟郊《烈女操》：“梧桐相待老，鸳鸯会双死。贞女贵徇夫，舍生亦如此。波澜誓不起，妾心井中水。”烈女效仿梧桐和鸳鸯的爱情至上的精神，夫死而终身不嫁，夫死以相殉。乐府诗《孔雀东南飞》：“东西植松柏，左右种梧桐。枝枝相覆盖，叶叶相交通。”诗中用梧桐和松柏枝叶相交覆盖，象征刘兰芝和焦仲卿对爱情的忠贞不渝。“梧”与“吾”谐音双关，古人在歌颂爱情时常用之。如《乐府诗集》：“仰头看桐树，桐花特可怜。愿天无霜雪，梧子解千年”；“上树摘桐花，何悟枝枯燥。迢迢空中落，遂为梧子道”。《子夜歌》：“桐树生门前，出入见梧子。”表面写梧桐树的子实，实则写男女恋人。

一片树叶从春日的嫩绿、夏日的深绿、秋日的金黄到冬日的凋谢，孕育了无数美丽的文字。而文字的最终生成，无不是观察和情感的结果。叶落知秋，是观察所得；叶落悲秋，是情感使然。因为有了细致的观察，李清照才能写出“点点滴滴的梧桐细雨”之景，朱淑真才能发掘“梧桐叶影遮蔽月光”的朦胧，晏殊才能看到“细细秋风使得梧桐叶坠”的景象……

因为付诸情感，“细雨打梧桐”，让人感觉凄凉和忧愁，“秋风吹叶坠”让人感到失落和彷徨，“叶影遮月光”让人感到孤寂……所以，用心去观察和感受事物，是我们写就一篇好文章的前提，也是我们对待生命的态度。

松柏：百尺无寸枝，一生自孤直

古人对松柏习惯于并称：“有松哪可独无柏，恰似夷齐弟与兄。”所以我们将松与柏放在一个意象中进行诠释。

象征坚贞不屈的人格。

刘禹锡：“后来富贵已凋落，岁寒松柏犹依然。”李白《赠书侍御黄裳》：“愿君学长松，慎勿作桃李。”韦黄裳一向谄媚权贵，李白写诗规劝他，希望他做一个正直的人。东汉刘桢《赠从弟》（其二）：“岂不罹凝寒，松柏有本性。”诗人以此句勉励堂弟要像松柏那样耐严寒、抗风雪，保持高洁的品质。杜甫赞叹诸葛亮的不朽和坚贞：“武侯祠堂不可忘，中有松柏参天长。”唐代贯休：“不能更折江头柳，自有青青松柏心。”初唐诗人宋之问《题张老松树》：“百尺无寸枝，一生自孤直。”

象征生死情感。

白居易《井底引银瓶》：“知君断肠共君语，君指南山松柏树。”“我”很感动你的心如南山的松柏一样坚定不移。另一首《效陶潜体诗十六首》：“松柏与龟鹤，其寿皆千年。”松柏成为长寿的象征。

墓地种植松柏源于上古的丧葬制度，松柏在夏、商、周三代时是最高统治者的专用墓木。至魏晋六朝时，松柏已是民间普及的坟头树。两汉《驱车上东门》：“驱车上东门，遥望郭北墓。白杨何萧萧，松柏夹广路。”两汉《平陵东》：“平陵东，松柏桐，不知何人劫义公。”松柏桐，指墓地。《孔雀东南飞》："两家求合葬，合葬华山傍。东西植松柏，左右种梧桐。"《十五从军征》："遥看是君家，松柏冢累累。"冢，即坟墓。

在四季常青的松柏身上，我们似乎忘记了时间的流逝和季节的更替。而它挺直的枝干，又唤起我们对坚贞、高洁品质的瞻仰。去诗词里寻找让时间停留于笔尖的美好，去曲赋里发掘让生命更绵长的秘密。让富含正能量的文字流淌于更多人的心坎里，让我们不仅能"站似一棵松"，而且葆有一颗"青青松柏心"。

芭蕉：叶叶心心、舒卷有馀情

雨打芭蕉愁更愁，抒发孤独忧愁或离情别绪。

李清照《添字采桑子》："窗前谁种芭蕉树？阴满中庭。阴满中庭，叶叶心心、舒卷有馀情。伤心枕上三更雨，点滴霖霪。"芭蕉加上淅淅沥沥的雨声，让人倍觉凄凉。这其实是词人心境的反映。与此意境相同的如吴文英《唐多令》"何处合成愁？离人心上秋。纵芭蕉、不雨也飕飕"，李煜《长相思》"秋风多，雨相和，帘外芭蕉三两窠，夜长人奈何"，宋代万俟咏《长相思·雨》："一声声，一更更。窗外芭蕉窗里灯，此时无限情……空阶滴到明"，都写秋夜蕉雨为愁人更添愁。还有张可久的《清江引·秋怀》："雁啼红叶天，人醉黄花地，芭蕉雨声秋梦里。"雨打芭蕉之夜，词人因思念家乡而难以入眠，抒发了孤独凄凉之感。北宋葛胜仲《点绛唇·县斋愁坐》："闲愁几许？梦逐芭蕉雨。"愁绪犹如芭蕉雨一样绵绵无尽，令人愁肠百结。

芭蕉叶大，可用于题字，所以历代诗人在芭蕉叶上题诗，倒别有一番情致。

如岑参有“题诗芭蕉滑，封酒棕花香”之诗句，韦应物有诗云：“秋草生庭白露时，故园诸弟益相思。尽日高斋无一事，芭蕉叶上独题诗。”诗人因思念弟弟而在百无聊赖之际于芭蕉上题字，是雅趣，更是孤寂。

芭蕉还可以用来代指时光的流逝。

最著名的当是蒋捷的《一剪梅·舟过吴江》：“何时归家洗客袍？银字笙调，心字香烧。流光容易把人抛，红了樱桃，绿了芭蕉。”

如果你身处南国，春天里一定听过雨打芭蕉的声音，淅淅沥沥，滴滴答答，让人产生一丝幽怨和惆怅。这时，硕大的芭蕉叶承载的不仅是细落的雨滴，还有那欲说还休的心事。想象着李清照、万俟咏窗前的芭蕉树，遥听着张可久、葛胜仲梦中的芭蕉雨，他们的恨怨离愁都会在我们的文章中延续，都会在我们的笔下书写出新的含义。或许那滴答的声音，不再是愁绪，而是动听的音符；那翠郁残萧、枯荣几度的叶片，是匆匆留不住的时光，也是成长的年华。

芍药：斜倚雕栏比太真

香艳红芍，成为落寞、凄凉之境的反衬。

姜夔在《扬州慢》中写道：“二十四桥仍在，波心荡，冷月无声。念桥边红药，年年知为谁生？”二十四桥仍在，明月夜也有，但是昔日繁华已不复存在。词人以娇艳的“桥边红药”反衬扬州经战争洗劫后的萧条景象，寄托了自己的“黍离之悲”，读来令人扼腕叹息。

娇媚多情，神似美人。

北宋秦观《春日》：“有情芍药含春泪，无力蔷薇卧晓枝。”雨后，芍药带雨似含泪，情意浓浓。蔷薇枝叶蔓延，娇态可掬。诗人以美人喻花，描绘了芍药和蔷薇千娇百媚的情态。虽不露一“愁”字，但可从芍药、蔷薇的情态中窥见诗人由于宦途艰险而形成的多愁善感的性格。

娇丽芬芳，妖娆至极，象征爱情。

芍药，一名江蓠，音谐“将离”。药，音谐“约”，即订后约。

南朝江淹《别赋》：“下有芍药之诗，佳人之歌，桑中卫女，上宫陈娥。春草碧色，春水渌波，送君南浦，伤如之何！”此诗是一首男子思慕女子的情歌。

清代孔尚任《咏一捻红芍药》中说红芍药：“一枝芍药上精神，斜倚雕栏比太真。料得也能倾国笑，有红点处似樱唇。”历代诗人对芍药的称赞不少于牡丹，所以杨万里建议芍药给牡丹做“花相”。因此，用“群压几万丛”的芍药比喻美人，也是水到渠成的事。古人形容美女就有“立如芍药，坐如牡丹”的句子。刘禹锡认为芍药“妖无格”，所以人们多用其妖娆、鲜艳来衬托荒凉的场景和环境。曾参加清扫台儿庄战役战场的别志南先生，有诗记录当时的惨景：“三千人家十里街，连日烽火化尘埃。伤心几株红芍药，犹傍瓦砾惨淡开。”以开放的芍药来衬托战争的惨烈。

桃花：春日偏能惹恨长

桃花嫣红，是春天的象征。

“小桃枝上春风早，初试薄罗衣。”南宋词人李持正笔下的早春，在元宵佳节的桃花枝上流露了出来，正可谓“东风着意，先上小桃枝”（南宋韩元吉《六州歌头·桃花》）。早春的桃花还有苏轼的“竹外桃花三两枝，春江水暖鸭先知”，张志和的“西塞山前白鹭飞，桃花流水鳜鱼肥”。暮春时节，不觉令人惆怅，甚至怨恨春去的无情。“人间四月芳菲尽，山寺桃花始盛开。长恨春归无觅处，不知转入此中来。”读至白居易的《大林寺桃花》，才知春并未归去，只不过像小孩子跟人捉迷藏一样，偷偷地躲到山中罢了。唐代贾至《春思二首》（其一）：“草色青青柳色黄，桃花历乱李花香。东风不为吹愁去，春日偏能惹恨长。”春草丛生、柳丝飘拂，桃花李花竞相开放，但是和暖的东风却吹不走“我”的愁绪，春光也不过是招惹怨恨罢了！这里运用对比反衬的手法，以乐景衬哀情，让人更觉凄凉。

桃花嫣然，是美人的象征。

唐代崔护的《题都城南庄》——“去年今日此门中，人面桃花相映红。人面不知何处去，桃花依旧笑春风”堪称代表之作，在以后的诗词中也多见其痕迹。比如：“落花犹在，香屏空掩，人面知何处?”（北宋晏几道《御街行》）再如：“纵收香藏镜，他年重到，人面桃花在否?”（南宋袁去华《瑞鹤仙》）。后来人们用“人面桃花”形容女子的面容与桃花交相辉映，泛指所爱慕而不能再见的女子，也形容由此而产生的怅惘心情。欧阳予倩先生写就的京剧《人面桃花》使传奇故事流传至今。《诗经》中的“桃之夭夭，灼灼其华”借物起兴，歌咏出嫁女子的娇媚可人。“夭夭”，即桃花怒放的样子。

桃花飘落，象征悲情。

陆游《钗头凤》：“桃花落，闲池阁。山盟虽在，锦书难托。”昔日恋人今日咫尺天涯，连锦书都无法托寄，这样的愁肠寸断令满园的春色顿时失色，桃花飘落，池阁闲置，给人以人世飘零、凤去楼空之感。宋人刘辰翁的《金缕曲》曰：“记画桥、黄竹歌声，桃花前度。”词人描写临安的凋敝，追忆当年的繁华，寄寓了历史兴衰的苍凉之感。和凝的《天仙子》曰：“懒烧金，慵篆玉，流水桃花空断续。”仙女因相思而懒于燃炉烧香，流水中的桃花也白白漂走，无以为继，词人用“流水桃花”的残春景色，进一步抒发仙女良辰空度之情。说到以桃花示悲情的最属《红楼梦》中的《葬花吟》《桃花行》了。桃花是林黛玉灵魂的寄托，只有懂得黛玉对桃花的情感，才能对黛玉的人格魅力及其悲情结局有一个深刻的认识。

桃花源，象征理想家园。

唐代常建有诗：“故人家在桃花岸，直到门前溪水流。”宋代谢枋得道："寻得桃源好避秦，桃红又见一年春。"其中，"桃花岸""桃源"即桃花源，喻隐居，含与世无争之意。王维《桃源行》题材取自陶渊明的叙事散文《桃花源记》，张旭《桃花溪》等均指向寻访世外桃源。当刘禹锡再次去玄都观看桃花，傲骨铮铮的他不无讥讽地说："百亩庭中半是苔，桃花净尽菜花开。"荒地上已看不到桃花，满眼都是青苔和菜花，借指有些人像菜花一样不能担纲朝政，只是滥竽充数而已。李白不想当朝廷的御用文人，欲辞官归隐，特作诗表明心意："问余何意栖碧山，笑而不答心自闲。桃花流水窅然去，别有天地非人间。"

我们踏青春游，看到桃花红、李花白，不禁会为自然的美而心动。桃花那旺盛的生命、鲜艳的色彩，让我们感觉到生命的美好。描绘这种美好时，适当引用古人的诗句，你的文章便也会如桃花盛开，鲜艳缤纷。而当时光远逝，心情不佳时，桃花的零落又使我们增添了几分伤感，崔护那"人面不知何处去"的感叹也会在我们的文章中起到以一当十的作用。我们向往诗意美好的生活，文章中也往往会写到对理想生活的向往，此时，陶渊明所遇见的桃花源，金庸小说中的桃花岛，都让我们生发了无限美好的想象。然而，只要心存美好，世上处处都是桃花源和桃花岛，不是吗？

世上有桃花，我们的心中、我们的文章中，便会永存一个"桃花盛开的地方"。

牡丹：今日满槛花似雪

象征富贵、美好的牡丹。

岑参《左仆射相国冀公东斋幽居》："玉珮罥女萝，金印耀牡丹。"诗人赞扬了老相国功高不矜、忠君爱国的行为。金印与牡丹相连，意在使宰相的位高权重与牡丹的华贵寓意相呼应。唐李咸用《远公亭牡丹》："雁门禅客吟春亭，牡丹独逞花中英。"唐代裴说《牡丹》："数朵欲倾城，安同桃李荣。"

象征忧愁的牡丹。

唐代诗人张文新《牡丹》："牡丹一朵值千金，将谓从来色更深。今日满栏开似雪，一生辜负看花心。"众人皆爱深色的牡丹，唯独"我"钟情那洁白的花瓣。看花人不解其中的妙处，却白白辜负了这满园洁白似雪的牡丹，可谓是一种深深的惆怅与悲哀。王维《红牡丹》："绿艳闲且静，红布浅复深。花心愁欲断，春色定知心。"雍容华贵的牡丹，在诗人的眼中却是愁眉紧锁，点点忧伤，诗人以花喻人，表达自己在仕途上的坎坷。宋代陈与义《咏牡丹》："一自胡尘入汉关，十年伊洛路漫漫。青墩溪畔龙钟客，独立东风看牡丹。"故乡被金兵攻陷已有十年，何时才能回到自己的家乡看闻名天下的洛阳牡丹呢？这首诗表达了诗人对故乡的深切思念，以及对前景无望的悲苦愁绪。同样的情绪，南宋刘克庄在《昭君怨・牡丹》中也写道："君莫说中州。怕花愁。"不要再说中原何时恢复，怕花生愁。花，即牡丹，又是遗民的形象。

清明节后，正是牡丹盛开的时节，我们去公园探访牡丹，鲜艳而饱满的牡丹是富贵华丽的象征，无愧于"国花""国色天香"和"花中之王"的美誉。如何让它成为我们笔下的意象呢？若彰显牡丹花的富贵，可以像岑参和张文新那样，让其和"金"成为一对；若称赞牡丹是巾帼英雄，可以像李咸用和裴说那样，"独逞花中英""欲倾城"；还可以赋予花以人的思想和情感，就像"怕花愁"。相信用了这样的对比、比喻、拟人的手法，我们就可以让文章著成华彩，让思维绽放光芒，让想象插上翅膀，让生命更加丰满。

丁香：琉璃叶下琼葩吐

象征相思情结。

唐代牛峤《感恩多》："自从南浦别，愁见丁香结。"李商隐《代赠二首》（其一）："芭蕉不展丁香结，同向春风各自愁。"芭蕉树的蕉心还没有舒展，丁香树上也是缄结不开的花蕾，它们都在春风中各含愁绪。这是女子思念情人的诗。借物写人，隐喻两人异地同心，都在为不能与对方相见而愁苦。韦庄《悼亡姬》："竹叶岂能消积恨，丁香空解结同心。"用丁香空结同心来反衬自己失去爱姬的悲悼之情。五代时人毛文锡《更漏子》："偏怨别，是芳节，庭下丁香千结。"以千结丁香暗喻思妇愁肠百结。在宋及以后的词作中，借丁香抒发相思之苦者甚多。如柳永："要识愁肠，但看丁香树。渐结尽春梢。"宋人李吕《鹧鸪天》："一从恨满丁香结，几度春深豆蔻梢。"王安石之子王雱《眼儿媚》："相思只在：丁香枝上，豆蔻梢头。"

象征愁思幽怨。

南唐中主李璟《摊破浣溪沙》："青鸟不传云外信，丁香空结雨中愁。"雨中丁香，不仅是春光迟暮之景，也是思妇春愁春恨之情。南宋著名政治家、诗人王十朋《点绛唇·素香丁香》："落木萧萧，琉璃叶下琼葩吐。素香柔树，雅称幽人趣。无意争先，梅蕊休相妒。含春雨。结愁千绪，似忆江南主。"词人大胆悬想，丁香之所以"结愁千绪"，也许是它在思忆江南的主人吧，抒发了词人在"落木萧萧"的环境下，琼葩独吐而又遭梅蕊相妒时，彷徨无主、孤寂苦闷的复杂情绪。

丁香的花蕾，恰似郁结于心的哀愁，所以自古诗人称其为"丁香结"。丁香的四角花瓣，形似泪滴，就像情人不得相见的相思泪水，所以

“丁香”意象多与愁、思有关。也许在众多的花中，丁香是少见的一种让人生愁怨的花吧。就像歌里唱的那样“多么忧郁的花，多愁善感的人啊”，就像诗里写的那样“像丁香一样结着愁怨的姑娘”。所以呈现在我们文章中的“丁香枝上的相思，丁香花蕾上的怅惘”，远比恨呀、愁呀、念呀来得刻骨铭心。

杏花：春色满园关不住

春光无限的“杏花”。

王维《春中田园作》：“屋上春鸠鸣，村边杏花白。”春天来临了，春鸠早已飞上屋顶，不停地鸣叫着。村边的杏花也开放了，白茫茫的。欧阳修《田家》：“林外鸣鸠春雨歇，屋头初日杏花繁。”宋人叶绍翁《游园不值》：“春色满园关不住，一枝红杏出墙来。”宋代志南《绝句》：“沾衣欲湿杏花雨，吹面不寒杨柳风。”写出了诗人在微风细雨中拄杖春游的乐趣。“杏花雨”，早春的雨；“杨柳风”，早春的风。

失意惆怅的“杏花”。

李商隐《日日》：“日日春光斗日光，山城斜路杏花香。几时心绪浑无事，得及游丝百尺长。”春光下，杏花香，杏花白。香气虽撩人，但白色却也让人莫名惆怅。由于社会的衰败和亲人的离别，在诗人笔下，美景也能生哀情，真应了“以我观物，故物皆著我之色彩”。

唐代高蟾《下第后上永崇高侍郎》：“天上碧桃和露种，日边红杏倚云栽。芙蓉生在秋江上，不向东风怨未开。”天上仙家的碧桃和着雨露种下，太阳边的红杏倚着云朵栽下。“我”这多生在秋江边上的芙蓉，不埋怨东风为何不让“我”也开放一阵。这是诗人写给主考官高骈的诗作。前两句比喻自己对别人考中进士的羡慕，后两句写自己积极进取的态度，希望得到高侍郎的赏识并援引。此外，还有清代纳兰性德《浣溪沙》："伏雨朝寒愁不胜，那能还傍杏花行。"

羁旅漂泊的"杏花"。

杜牧《清明》："清明时节雨纷纷，路上行人欲断魂。借问酒家何处有？牧童遥指杏花村。"身在旅途的诗人，在清明节之际，不能回乡扫墓，本来心情已经够惆怅的了，这时天上又下起了毛毛细雨，诗人的身体和灵魂快要分开了似的。赶紧找一个酒家，驱寒暖心吧。问过牧童，才知酒家在一片杏花深处。唐代吴融《途中见杏花》："一枝红杏出墙头，墙外行人正独愁。"身在旅途中的诗人，看到红杏出墙头，勾起了自己伤春的惆怅。温庭筠《碧涧驿晓思》："月落子规歇，满庭山杏花。"在月、子规、杏花三种意象的渲染下，诗人心中翻动着羁愁归思。那浓浓情绪就像满庭杏花的香气一样，让人欲罢不能。唐代戴叔伦《苏溪亭》："苏溪亭上草漫漫，谁倚东风十二阑。燕子不归春事晚，一汀烟雨杏花寒。"暮春时节，苏溪亭上青草漫漫，是谁倚着栏杆独自思量呢？她也许在想着，燕子还未归巢，春事已晚，一片迷蒙烟雾笼罩着沙洲，杏花已失去了晴日下的容光。春事晚，杏花寒，既指游人未归，又指女子青春消逝。

脱俗孤傲的"杏花"。

古代诗人中，陶渊明爱菊，林逋爱梅，苏轼爱海棠，而王安石则对杏花情有独钟。《北陂杏花》："一陂春水绕花身，身影妖娆各占春。纵被春风吹作雪，绝胜南陌碾成尘。"池塘中的春水环绕着杏花，杏花与水中的倒影各有千秋。即使被春风吹落成雪，也胜过落在南边小路上被碾作尘土。这首绝句写于王安石贬居期间，也是他晚年心境的写照，表达了诗人超俗孤傲的情怀。另有一首《杏花》也有此意："石梁度空旷，茅屋临清炯。俯窥娇娆杏，未觉身胜影。嫣如景阳妃，含笑堕宫井。怊怅有微波，残妆坏难整。"

吹着杨柳风，淋着杏花雨，我们跟随诗人们的脚步，徜徉在杏花的世界中。斑鸠鸣，杏花白，春天来了。"春色满园关不住，一枝红杏出墙来"会在文章中起到提纲挈领的作用，春色似乎都要溢出来了。当暮春来临时，即将逝去的杏花让女子伤青春，思游人；让行人思家乡，想心事。"一汀烟雨杏花寒"会给文章铺上一层迷茫的色调。杏花不是"化作春泥更护花”，而是“一陂春水绕花身”，清丽脱俗的它，与奉献无关，与孤傲有关。杏花是“花花世界”中的一景，也是“大大世界”中的一情，就让这亦景亦情的杏花也开在我们的笔端吧。

芦花：千里江山寒色远

芦花飘荡，象征身世凄凉。

李煜《望江南》（其一）：“闲梦远，南国正清秋。千里江山寒色远，芦花深处泊孤舟。笛在月明楼。”这是李煜归宋后思念故国的词作。从帝王之尊到阶下囚，从繁华到冷清，从“不闲”到整日无所事事，词人的亡国之痛依稀可见。江南正值秋高气爽的时节，远处的江山被铺上一层清冷之色，芦花深处停泊一叶孤舟。秋月下，高楼上，笛声悠扬。清秋、芦花、孤舟、笛声、月亮等意象群，都在诉说着李煜的孤独、凄楚和故国情思。而同命不同时的张炎也有和李后主一样的心境。南宋张炎《清平乐》：“候蛩凄断，人语西风岸。月落沙平江似练，望尽芦花无雁。”元兵攻破临安后，张炎家中遭巨变，从此漂泊江湖。这首词便是他飘荡至苏州吴江，在学生陆辅家中所作。衰飒的西风吹来，人语秋虫共鸣。清冷的秋月照着澄净的江水，望尽芦花，却不见归雁。词人用一系列秋天的意象，为我们描绘了一幅萧瑟的秋晓图，抒发了内心深处的家国身世之愁。在去苏州之前，张炎在绍兴与来访的友人沈钦一聚，数日后沈钦离开，张炎作词——《甘州》以抒怀：“折芦花赠远，零落一身秋。向寻常野桥流水，待招来不是旧沙鸥。空怀感，有斜阳处，却怕登楼。”这是词人想象别后的情景：自你走后，如相思“我”便折一枝芦花相赠，你看见芦花，便能想到“我”如芦花般凋零凄寂。平日在野桥流水边漫步，但交往的却不是如你一般的旧友。想着这离愁别绪、家国之愁，在夕阳西下的时候，最怕登楼啊。还有文天祥的一腔国恨家仇身孤之叹，如《金陵驿二首》（其一）："满地芦花和我老，旧家燕子傍谁飞？"满地芦花白如发，和"我"一样苍老，昔日王谢豪门世家风光不再，燕子尚可"飞入寻常百姓家"，可如今生灵涂炭，百姓都没有安身之所，哪来燕子的巢呢？

芦花是江乡秋色中最富代表性的景物之一，写芦花便突出了江乡的特点。

唐代司空曙《江村即事》："钓罢归来不系船，江村月落正堪眠。纵然一夜风吹去，只在芦花浅水边。"诗作描写了一位渔翁悠然自得的生活。打鱼归来身体很乏，连渔船也没有系，就径直在月光下酣睡。因为他心里清楚，即使夜里的秋风把船儿吹动，也只在芦花丛的浅水边上。宋代陈亮《一丛花·溪堂玩月作》："芦花千顷水微茫，秋色满江乡。"漫漫芦花千顷，江水茫茫，一片秋色笼罩着江乡。有"梅妻鹤子"之称的宋代诗人林逋，其一首《咏秋江》堪称是吟咏芦花的千古绝唱："苍茫沙嘴鹭鸶眠，片水无痕浸碧天。最爱芦花经雨后，一蓬烟火饭鱼船。"悠闲的鹭鸶在苍茫的沙滩上打盹，江水尽头和天空相接，水面上一丝涟漪也没有。最喜欢下雨后更加白净的芦花，远处有袅袅炊烟从渔船上升起。

芦花棉袄，喻母爱。

宋代与恭《思母》："霜殒芦花泪湿衣，白头无复倚柴扉。去年五月黄梅雨，曾典袈裟籴米归。"这是一首思念母亲的诗歌。母亲去世后，与恭想起母亲就泪流满面，母亲再也不用倚靠着柴扉盼儿归了。记得去年黄梅时节，还抵押袈裟换米回来看望母亲。芦花，典出《史记·仲尼弟子列传》。传载孔子弟子子骞，少时受后母虐待。冬天，后母将芦花塞入布中，给子骞穿，而以棉花制袄，给自己的亲生儿子穿。子骞父得知后欲休之。子骞跪求留母，说道："母在一子单，母去四子寒。"父亲这才作罢。后母悔悟，遂待诸子如一。后世转以芦花代指母爱。

如果能寻得一处水乡，一定要仔细欣赏芦花的美。远望芦花，如雪，白茫茫一片，在微风中摇曳低垂，不时与水面轻轻触碰。浅滩的苍鹭、鹬鸟扎入芦间，芦花丛便会簌簌作响。这时"芦花千顷水微茫"不正是对此情景最好的诠释吗？望着随风飘荡的芦花，诗词中那些形似芦花飘零孤寂的身影便会浮现眼前，国破家亡、不知身栖何处的人不就像芦花一般吗？“零落一身秋”是对他们最形象的写照。去写一篇关于芦花的文章吧，那里肯定会有怨、有美，更有爱。

杨花：惟解漫天作雪飞

柳絮为什么又叫杨花呢？这是因为“子从父姓”，柳树有个别名叫“杨柳”。

杨花是一个飘零无助的意象。传说，杨花如果飘落到水中，就会化为浮萍。这个传说细想一下是非常凄凉的，因为杨花本身就是飘零无根之物，好容易在水里落了脚，却又化为浮萍，依然是个飘零无根之物。“飘零无根”至此便有了一种宿命的悲剧感。

象征身世飘零。

李白《闻王昌龄左迁龙标遥有此寄》：“杨花落尽子规啼，闻道龙标过五溪。我寄愁心与明月，随风直到夜郎西。”在杨花落、子规啼的暮春时节，听闻好友王昌龄再贬龙标的消息，李白赋诗一首，将同情和牵挂寄托给明月，让它捎至夜郎西。杨花落，一指时节，二指王昌龄被贬后如浮萍漂泊无依。纳兰性德《临江仙·寒柳》：“飞絮飞花何处是，层冰积雪摧残，疏疏一树五更寒。”柳絮飞往哪里去呢？是那冰积雪深的寒天雪地吗？故而，杨花喻身世飘零。

抒发惜春伤感。

唐代韩愈《晚春》：“草木知春不久归，百般红紫斗芳菲。杨花榆荚无才思，惟解漫天作雪飞。”杨花飞舞是晚春的一大景致，而杨花不因自己“无才思”而漫天飞舞，诗人饱含怜惜有感而发。欧阳修《采桑子》（其四)："群芳过后西湖好，狼藉残红。飞絮蒙蒙。"百花凋谢，柳絮飞舞，这首词写出了春末夏初西湖上的宁静气氛。北宋张先《木兰花·乙卯吴兴寒食》："中庭月色正清明，无数杨花过无影。"寒食节活动结束的晚上，庭中月光如水，一片清明，溶溶月色中，漫天柳絮轻轻飞过，无声无影。这样宁静的场景，体现了词人澄澈的心境。朱淑真《蝶恋花·送春》："楼外垂杨千万缕，欲系青春，少住春还去。犹自风前飘柳絮，随春且看归何处？"春天到了，杨柳低垂，千丝万缕，似乎想系住春天不让它离去，可春天还是待了一阵子就走了，只留下柳絮飞扬，似乎它也想跟着春而去，去探寻春的去处。词人将春作为少女而人格化，以春的稍纵即逝比喻人生短促、青春可贵。晏殊《踏莎行》："春风不解禁杨花，蒙蒙乱扑行人面。"春风不懂得约束杨花而引起春去的感伤，更怨春风不禁杨花而触动离情。杨花的蒙蒙，是春天消逝、行人离别的象征。

抒发怀远之情。

吴文英《浣溪沙》："落絮无声春堕泪，行云有影月含羞。"落絮无声，堕泪也无声，春堕泪，人也流泪，行云遮住月亮，似乎是月亮害羞所致，就像分别时女子遮住面庞一样，其实女子遮面不是因为羞涩，而是掩面泣泪，不让离别之人更加悲伤。苏轼《少年游·润州作》："去年相送，余杭门外，飞雪似杨花。今年春尽，杨花似雪，犹不见还家。"去年家人在余杭门外送"我"的时候，片片飞雪恰似漫天飘坠的杨花。今年暮春，柳絮飞似雪，可"我"还未能回家。漫天飞扬的柳絮勾起词人的思乡之情。苏轼另一首专门写杨花的词作《水龙吟·次韵章质夫杨花词》："不恨此花飞尽，恨西园、落红难缀。晓来雨过，遗踪何在？一池萍碎。春色三分，二分尘土，一分流水。细看来，不是杨花点点，是离人泪。"

在春末夏初邂逅的杨花，素洁，如絮似雪，蒙蒙飞舞，一夜之间就铺满了大地和河流，看上去好像盖上了一层皑皑白雪，"飞雪似杨花""杨花似雪""漫天作雪飞"。杨花轻柔多情，自古就是骚客文人抒发情愫的信物，"落絮无声""杨花落尽子规啼"，点点杨花，离人泪。让我们静悄悄地看杨花，静悄悄地读文章。

豆蔻：娉娉袅袅十三余

豆蔻年华，象征少女美貌、清纯。

豆蔻，产于南方，其花穗成熟时，嫩叶卷之而生，穗头深红，叶渐展开，花渐放出，颜色稍淡。杜牧《赠别》："娉娉袅袅十三余，豆蔻梢头二月初。春风十里扬州路，卷上珠帘总不如。"娉婷柔美，举止轻盈，正是美好年华，好像二月初含苞待放的一朵豆蔻花。扬州十里长街，车水马龙，歌台舞榭密集，珠帘内美女如云，但没有一个能比得上她的风采。她，指诗人在幕僚失意生活中结识的扬州歌妓。梢头：形容娇嫩。宋人谢逸将这首诗浓缩为"豆蔻梢头春色浅"，姜夔曾将《赠别》诗作为杜牧才华和表达能力的代称，如《扬州慢》有曰："纵豆蔻词工，青楼梦好，难赋深情。"此后诗作如指代女子的"豆蔻"几乎全从《赠别》诗作而出，如吴文英《瑞龙吟・送梅津》："吴宫娇月娆花，醉题恨倚，蛮江豆蔻"，词人送别亲如兄弟的梅津去钱塘江，同去送行的还有梅津的爱人娇月、娆花，她们嘱咐梅津不要忘记自己，不要与钱塘江的女子交往甚密。另一首《天香・蜡梅》"豆蔻钗梁恨袅"亦是。陆游《小园春思》："小轩愁入丁香结，幽径春生豆蔻梢。"明代许自昌《水浒记・联姻》："拥鸳衾梦绕巫山，但豆蔻含胎可怜。"

我们在文章中经常引用的"豆蔻年华"终于找到了源起。读着杜牧诗中那份娇嫩和婀娜，彼年豆蔻好似慢慢浮现在脑海，是无邪的年华，是逆反的光阴，是生长的韶华，是旖旎的岁月，那一点一滴的印记会一直留在我们的回忆中，温馨美好，终究挥散不去。有一天，它会变成文字，变成影像，真实地在我们眼前上映，让那回不去的时光在这一刻凝固成永恒。

红豆：每回拈着长相忆

红豆，又名“海红豆”“相思子”，象征相思。

有一个民间故事，说的是一位女子望夫而死，在她泪尽之处长出一棵树来，并结出果实，就是红豆。而红豆的形状，活像一滴滴血泪。曹雪芹《红楼梦》第二十八回贾宝玉唱曲的第一句便是：“滴不尽相思血泪抛红豆。”王维《相思》：“红豆生南国，春来发几枝。愿君多采撷，此物最相思。”诗人借生于南国的红豆，抒发了对友人的眷念之情。唐朝韩偓《玉合》：“中有兰膏渍红豆，每回拈着长相忆。”牛希济《生查子》：“红豆不堪看，满眼相思泪。”晏几道《浣溪沙》：“绿窗红豆忆前欢。”北宋黄庭坚《点绛唇》：“半妆红豆，各自相思瘦。”无不写尽相思红豆。温庭筠亦有“玲珑骰子安红豆，入骨相思知不知？”唐朝时贵族的闺阁间流行一种玩物，将红豆镶嵌于象牙中当骰子玩，即所谓“玲珑骰子安红豆”了。一般人买不起象牙这样贵重的材料，便改用兽骨，红豆又称相思子，“入骨相思”，一语双关，其中缠绵之意，令人不由销魂。

象征故国之思。

安史之乱爆发后，李龟年在潭州唱“红豆生南国”，“合座莫不望行幸而惨然”。在这个故事中，红豆象征唐朝人的故君之思、故国之思。明末清初红豆诗比较多，以钱谦益为最多、最佳。其诗文集中包含红豆诗三集。佳句如“可是湖湘流落身，一声红豆也沾巾”，诗人用李龟年唱“红豆生南国”的典故，隐喻自己以及志同道合者心向南明的情怀。

红豆的文化意蕴简单而美丽，纯情而深邃。艳丽的外表，深情的思念，面对一颗红豆，谁都会心生思念。还记得王菲演唱的那首《红豆》吗？还没为你把红豆，熬成缠绵的伤口，然后一起分享会更明白，相思的哀愁。相遇而惜，不要等到离别再相思，这或许是红豆诗带给我们的启示。而由爱情、亲情和友情延伸的乡思，虽深至骨髓，却也是痛并幸福着。毕竟，有一方水土，可以令你魂牵梦萦。

黍离：宫中鹿走草萋萋

表达对国家今盛昔衰的痛惜伤感之情。

典出《诗经·王风·黍离》："彼黍离离，彼稷之苗。"离离：行列貌。旧说周平王东迁以后，周大夫经过西周古都，悲叹宫廷宗庙毁坏，尽为禾黍，彷徨不忍离去，遂作《黍离》，寄托悲思。后人使用"黍离之悲"一词表达故国哀思。由《诗经》所出的词作有魏晋向秀的《思旧赋》："践二子之遗迹兮，历穷巷之空庐。叹黍离之愍周兮，悲麦秀于殷墟。惟古昔以怀今兮，心徘徊以踌躇。"重新踏过二人走过的地方，经过偏僻里巷的空屋。为《黍离》对西周的伤悼而感叹，为在殷墟唱的《麦秀》之歌而悲伤。因为想起周商旧事而怀念故去的人，"我"的心徘徊而踌躇。殷墟，殷商故都的废墟。愍，通"悯"。这首赋是向秀为怀念故友嵇康和吕安所作。当时在高压恐怖政策下，悲愤难抒，只能隐晦曲折地表达哀思。鲁迅说，向秀写《思旧赋》是"为了忘却的纪念"。姜夔在其《扬州慢》中也提到："予怀怆然，感慨今昔，因自度此曲。千岩老人以为有《黍离》之悲也。"宋代文及翁《贺新郎·西湖》："一勺西湖水。渡江来，百年歌舞，百年酣醉。回首洛阳花石尽，烟渺黍离之地。"北宋已亡，花石已尽，如今只剩下渺渺荒烟，离离禾黍，抒发了词人对国事的担忧。洛阳花石：洛阳以园林著称，多名花奇石。宋徽宗曾派人到南方大肆采集民间花石。元代杨维桢《夜行船·吊古》："宫中鹿走草萋萋，黍离故墟，过客伤悲。”以黍离之悲感叹吴国灭亡，悲凉慷慨。

几千年来，沧桑巨变，每经朝代更替，少不了战火烽烟的洗礼。荒废的宫苑里长出的黍麦荒草，总会勾得诗人们吊古怀思。赋黍离，咏黍离，悲黍离，诗词里充满了昔衰今盛之叹。如今，时间的脚步仍然不停歇，田野里已不再是荒草，而是一派“黍之离离”，看着绿油油、茂盛的青苗，写黍离，摄黍离，颂黍离，文章里、影像里充满了绿色的幸福。

南枝：红酥肯放琼苞碎

指朝阳的梅花。

王文诰辑注引赵次公曰：“南枝，梅也。”清代宋琬《送别李素臣归荒隐草堂》：“相思试折南枝寄，东阁官梅尚有无。”李清照《临江仙·梅》：“夜来清梦好，应是发南枝。”另一首《玉楼春》：“红酥肯放琼苞碎，探著南枝开遍未？不知酝藉几多香，但见包藏无限意。”词人别出心裁地抓住梅花含苞待放的特征，婉转地说出梅花未尽开放，即便如此，也可想见梅花盛开后所发出的幽香和包含的无限情意。晏几道《虞美人》：“南枝开尽北枝开。长被陇头游子、寄春来。”刘克庄《长相思·惜梅》：“角声吹，笛声吹，吹了南枝吹北枝。明朝成雪飞。”军中的角声传出《大梅花》《小梅花》的曲调，笛声吹着《梅花落》，南岭梅花落，如雪瓣飘飞，北方梅花开，清香扑鼻。这四句由惜花到忧时，写危机存于偏安一隅的南朝小朝廷。

指故土，故国。

《古诗十九首·行行重行行》：“胡马依北风，越鸟巢南枝。”这是一首在东汉末年动荡岁月中的相思之歌。胡马在北风中嘶鸣，越鸟在向南的枝头上筑巢，远走的游子，你何时归来呀？诗人采用比兴手法，说物皆有情，更何况人呢？胡马，北方的马。越鸟，南方的鸟。南枝，因以指故土、故国。再如唐代储嗣宗《早春》："踟蹰历阳道，乡思满南枝。"

我们笔下的梅花，大多是傲然于雪中坚贞和高洁的，很少有南枝上的清香四溢。"探着南枝开遍未"的询问，"应是发南枝"的猜想，让梅花有了绽放的方向，也让情思有了含蓄的表达。就像"越鸟巢南枝"的思乡之情一样，未著一字"思"，思念的神情和心情却已溢于言表。

红叶：冉冉秋光留不住

红叶题诗，意在传情。

唐代宣宗宫人《题红叶》："流水何太急，深宫尽日闲。殷勤谢红叶，好去到人间。"一位少女常日深居宫中，看到流水，想到光阴虚度，看到随波而去的红叶，不禁心生谢意，愿红叶捎去自己对自由的向往。宋代张孝祥《满江红》中有"红叶题诗谁与寄，青楼薄幸空遗迹"之句，范成大《南柯子》中有"缄素双鱼远，题红片叶秋"的诗句。

晚秋红叶，象征愁思。

晚唐许浑《谢亭送别》："劳歌一曲解行舟，红叶青山水急流。"红叶秋光的"乐景"增添了离别的"伤情"；晏几道的《思远人》中有"红叶黄花秋意晚，千里念行客"之句，写出了女主人公因悲秋而怀远。陈与义《以事走郊外示友》："黄尘满面人犹去，红叶无言秋又归。"夏去秋来，时光飞逝，"我"满脸憔悴却还要在他乡奔波，红叶见此也无言。诗人客居异地壮志难酬，红叶似乎是见证人，与愁思相连。李煜《谢新恩》："冉冉秋光留不住，满阶红叶暮。"蒋捷《声声慢·秋声》："黄花深巷，红叶低窗，凄凉一片秋声。”在菊花盛开、红叶掩映的深秋时节，诗人凭窗谛听十种秋声，声声凄凉意。

漫步赏红叶，表达闲适惬意之情。

杜牧《山行》：“停车坐爱枫林晚，霜叶红于二月花。”停步看火红的枫林，它要比二月的江南春花还要红艳呢。宋代张抡笔下的清幽景色：“丹枫万叶碧云边，黄花千点幽岩下。”（《踏莎行》）林逋赏明丽秋景，心情大好：“碧涧流红叶，青林点白云。”（《宿洞霄宫》）

鸿雁天空上，对对排成行，一片片红叶被天边的红晕染得更加红艳，如果我们要书写秋之浪漫惬意，可放慢脚步，仿杜牧之停车细赏枫林的雅趣；一阵阵秋风吹来，红叶翩翩飞舞，如果我们要书写秋之凋零伤悲，就读读李煜的“紫菊气，飘庭户”“秋光留不住”，真是“愁恨年年长相似”。秋之红叶，将岁月定格，令思念成诗，如果我们要将这份情怀记录下来，就学学在红叶上题诗吧，一定别有一番情趣。

黄叶：谁念西风独自凉

象征羁旅漂泊。

唐代王勃《山中》：“况属高风晚，山山黄叶飞。”晚秋黄叶飘飞正是诗人身世飘零的象征。王勃还写了一首意境相同的古诗《羁春》：“客心千里倦，春事一朝归。还伤北园里，重见落花飞。”“落花飞”与“黄叶飞”同写羁旅愁思，只是季节不同，寄寓情感的景物不同。李商隐《风雨》：“黄叶仍风雨，青楼自管弦。”黄叶仍在风雨中飘摇，青楼传来管弦乐。这句诗中，诗人以黄叶自比身世飘零。北宋范仲淹《苏幕遮》：“碧云天，黄叶地。”洁白的蓝天，金黄的树叶，秋天的寥廓苍茫景象为下文抒发羁旅离愁作铺垫。被誉为“元诗四家”之一的范梈有首《京下思归》：“黄落蓟门秋，飘飘在远游。”黄落，指黄叶，暗指秋天时节。飘飘，双关落叶与诗人。

象征迟暮之感。

自然界中，树木与人关系密切，树木的枯黄也会引起人对于衰老的联想。司空曙《喜外弟卢纶见宿》：“雨中黄叶树，灯下白头人。”诗人用枯树黄叶作为衰老的象征意象。白居易也曾曰：“树初黄叶日，人欲白头时。”(《途中感秋》)汉武帝刘彻《秋风辞》首句：“秋风起兮白云飞，草木黄落兮雁南归。”秋风吹动白云，草黄叶落，群雁南飞，一派清秋光景，为最后一句“少壮几时兮奈老何”的伤老情怀铺设基调。

渲染凄凉氛围，衬托淡淡愁绪。

许浑《咸阳城东楼》中有：“鸟下绿芜秦苑夕，蝉鸣黄叶汉宫秋。”夕阳斜照，昔日秦朝宫殿遍地绿芜，成了鸟儿的栖息地。秋风吹拂，过去的汉家宫阙，荒芜冷落，黄叶在蝉鸣声中萧萧落下。贾岛《忆江上吴处士》：“秋风生渭水，落叶满长安。”感受着自渭水吹来的西风，看着长安城落叶飞扬，勾起诗人对友人的思念。周邦彦《玉楼春》：“当时相候赤栏桥，今日独寻黄叶路。”当日情人在赤栏桥等候词人的到来，今日却独自一人踏着满是黄叶的小路寻找往日的回忆。黄叶，衬托出感情的忧伤。纳兰性德《浣溪沙》：“谁念西风独自凉，萧萧黄叶闭疏窗，沉思往事立残阳。”萧萧秋风，树叶飘飞，独自对窗望斜阳，甚是无聊，词作渲染了孤寂冷清的气氛，抒发词人对亡妻的深深思念。明代于谦《岳忠武王祠》：“黄叶古祠寒雨积，清山荒冢白云多。”这两句诗正是对岳王祠庙的环境描述：在寒雨中，古祠里黄叶堆积，青山野坟间白云飘飘。诗人借岳飞的故事来陈述自己坚决反对迁都的政治主张。

黄叶萧条，哀景反衬乐情。

刘长卿《酬李穆见寄》：“欲扫柴门迎远客，青苔黄叶满贫家。”因为贫居无人登门，青苔黄叶铺满台阶院落，颇有寂寥之感，但又因女婿李穆远道而来，诗人打扫柴门而心情愉悦。诗人自称“贫”，流露出好客之情。温庭筠《送人东游》：“荒戍落黄叶，浩然离故关。”在荒废的军队防地，在树叶簌簌落下的秋天，送友人离开，看似环境荒凉、季节萧条，但却有豪迈坚定的远志，虽离别却不伤别。

与一枚黄叶在秋天邂逅，许浑的吊古，贾岛的思念，周邦彦的回忆，纳兰性德的悼念，这些淡淡的情怀，让我们在书写悲秋诗章时有“四两拨千斤”的举重若轻之感。虽然是“物皆动我之情怀”，但景与情的互动，还是渐起涟漪，丝丝入怀，更能打动人心。与一枚黄叶在人生道路上遇见，司空曙的衰飒之感，汉武帝刘彻的紧迫感，这份迟暮情感在比兴的手法下表现得更为沉重，所以，情感的直接表达未必能准确契合初衷。与一枚黄叶在异乡相逢，王勃的悲凉浑壮，李商隐的凄凉苦闷，范仲淹的苍灵绵远，这些调子在双关的手法下把漂泊之感表现得更加凄楚。

落花：飞红万点愁如海

落花，也称落红、残红、飞花、花落、落英。

表达伤春惜时之伤感、寂寞怅惘之慨叹。

杜牧《金谷园》：“繁华事散逐香尘，流水无情草自春。日暮东风怨啼鸟，落花犹似坠楼人。”这是诗人的怀古伤情之作。落花纷纷，犹如坠楼的绿珠美人。两者相似之处在于都无法把握自己的命运。杜甫《江南逢李龟年》：“正是江南好风景，落花时节又逢君。”在江南暮春的落花时节，没想到又巧遇你这位老相识，高兴之余又不禁感慨时光的沧桑和社会凋敝的悲怆。李商隐《落花》：“高阁客竟去，小园花乱飞。”花落人去，人去楼空，只留下怅惘与寂寞。刘希夷《代悲白头吟》：“今年花落颜色改，明年花开复谁在？”表达了对年光流转、红颜易老、生命无常的感叹。唐末诗人张泌的《寄人》：“多情只有春庭月，犹为离人照落花。”落花，暮春光景，象征青春易逝、好景不长。晏殊《浣溪沙》：“无可奈何花落去，似曾相识燕归来。”寄寓了词人花落事已去、燕归人未回的深沉感叹。李煜《浪淘沙》：“流水落花春去也，天上人间。”“流水”“落花”“春去”都是一去不复返的，帝王变囚徒，即是天上人间的差异，词人表达了逝者如斯、时不再来和人生无常的深沉喟叹与哀愁。另一首《相见欢》：“林花谢了春红，太匆匆。”林花凋谢，春去匆匆。词人因感到人生短促、好景不长而极度哀伤。李清照《一剪梅》：“花自飘零水自流，一种相思，两处闲愁。”以落花流水蕴青春易逝、光阴难驻之意。秦观《千秋岁》：“春去也，飞红万点愁如海。”春去，也指前程已去；万点飞红，喻愁之深广。司马光《阮郎归》：“落花寂寂水潺潺，重寻此路难。”表示时移境换，且暗喻前情已如水流花落，一去不返。欧阳修《丰乐亭游春》：“游人不管春将老，来往亭前踏落花。”游人不顾春天即将过去，还在丰乐亭前踏着落花。这两句诗同他在《戏答元珍》中所说的“曾是洛阳花下客，野芳虽晚不须嗟”，以及他在《啼鸟》中所说的“身闲酒美惜光景，惟恐鸟散花飘零”表达的是同样的感情——对美好春光的留恋与怜惜。

以落花寓意昂扬向上的精神。

“一陂春水绕花身，花影妖娆各占春。纵被东风吹作雪，绝胜南陌碾作尘。”（王安石《北陂杏花》）暗寓诗人宁可在斗争中粉身碎骨，也不愿委曲求全、同流合污。“花落春常在”，清道光年间考生俞樾在礼部复试，以此句为诗开头，寓意希望在人间。清末龚自珍《己亥杂诗》：“落红不是无情物，化作春泥更护花。”此落花是异调，虽指生命的消逝，但却有奉献精神，化作“春泥”去“护花”。

象征暮春时节。

韩翃《寒食》：“春城无处不飞花，寒食东风御柳斜。”“飞花”即花瓣纷纷飘落，点明暮春季节。清代朱彝尊春日怀人之作《忆少年》：“飞花时节，垂杨巷陌，东风庭院。”

暮春夏初，落花无数，李煜的“流水落花春去也”、李清照的“花自飘零水自流”，都告诉我们在文章中，落花与流水、春天是一组意象，残红落入水中，独自飘零，时光无情溜走，人生再也没有从头再来的机会，意象可触，情感可感。落红尽处，细数流年，刘希夷的“今年花落”“明年花开”，告诉我们在文章中运用对仗手法，让光阴飞逝的表达更加真切。今年花落便无再开时，明年花开又花落，看似反复，却物是人非。所以，一片小小的落花，却蕴含了大大的人生哲理。无论它是春天的片尾，还是盛夏的前奏；无论是一去不复返的年华，还是化泥作尘的沉淀，它都让四季缤纷，也让我们的文章丰富，让人生斑斓。

浮萍：山河破碎风飘絮

飞絮落水为萍，比喻身世孤凄、漂泊无依。

苏轼《水龙吟·次韵章质夫杨花词》："晓来雨过，遗踪何在？一池萍碎。春色三分，二分尘土，一分流水。"早晨一阵风雨，杨花踪迹何处寻？一池浮萍，全被雨打碎。满园春色分三成，两成变尘土，一成随流水。一池萍碎，苏轼自注"杨花落水为浮萍，验之信然"。宋代词人刘过《柳梢青·送卢梅坡》："泛菊杯深，吹梅角远，同在京城。聚散匆匆，云边孤雁，水上浮萍。"这是刘过送别好友卢梅坡时所作。诗人对好友说，我们俩像陶诗所写的那样，在重阳节一起饮菊花酒，我们在京城春天到来时又一起赏梅听笛。聚散匆匆啊，就像云边的孤雁为失去伴侣而忧苦，就像水上浮萍一样漂泊不定。文天祥《过零丁洋》："山河破碎风飘絮，身世浮沉雨打萍。"南宋末年，文天祥被元军所俘，途经零丁洋时，宋军要他招降当地驻守的宋军，文天祥以诗明志。破碎的山河犹如风中的飘絮，动荡不安的一生就像雨打浮萍，诗人将国家前途和个人命运紧紧联系。雨打萍，比喻自己身世坎坷，如同雨中浮萍，漂泊无根，时起时沉。清代蒋春霖《卜算子》："弹泪别东风，把酒浇飞絮。化了浮萍也是愁，莫向天涯去！"词人在写自己的衰世凄楚之苦，因愁苦而痛不欲生，看那飞絮化水为萍，反正总是愁苦，早化迟化，并无不同。可见词人"痛"之极致和麻木。

随波逐流的生长，不知所去的飘荡，这就是浮萍。由于朝代更替，君臣和百姓的命运犹如浮萍一样无依，所以出现在古诗词中的浮萍多是愁苦的化身。当在河畔、池塘边看到碧绿的浮萍时，想起“化了浮萍也是愁”那种命运无法把握的痛彻心扉，我们在表达孤寂漂泊的字典里，便又多了一个意象。

孤蓬：吊影分为千里雁

孤蓬，又称转蓬、飞蓬、蓬草等，比喻游子像蓬草一样随风飘荡。

李白《送友人》：“青山横北郭，白水绕东城。此地一为别，孤蓬万里征。”这是一首充满诗情画意的送别诗。青翠的山峦横在北城的外面，清澈的流水绕东城潺潺而过。在这样的美景中，友人即将远行，从此像蓬草一样随风飞扬到万里之外，不知何时才能安定下来呢！表达了诗人对友人的深深不舍和担忧之情。孤蓬，出自古诗“孤蓬转霜根”句。年轻时的李白还写有一首《赠从兄襄阳少府皓》：“归来无产业，生事如转蓬。”“棣华倘不接，甘与秋草同。”“我”回到家中时，已四壁空空，为了生计，为了果腹，像蓬草一样四处飞转。如果你不帮助“我”，“我”就得像秋草转蓬一样漂泊了。李白遭奸佞排斥，远离京都，杜甫写诗为其感慨和扼腕：“秋来相顾尚飘蓬，未就丹砂愧葛洪。痛饮狂歌空度日，飞扬跋扈为谁雄”（《赠李白》）。李白在这年秋天也写下了“飞蓬各自远，且尽手中杯”（《鲁郡东石门送杜二甫》）的诗句，流露出诗人依依惜别的深情。

隋代尹式《别宋常侍》：“游人杜陵北，送客汉川东。无论去与住，俱是一飘蓬。”诗人要去汉川东，宋常侍在杜陵北为其送行。他也是宦游之人，无论是送行者还是被送者，都像秋天的蓬草一样漂泊。王维《使至塞上》："征蓬出汉塞，归雁入胡天。""我"像随风而去的蓬草一样出使汉塞，像北归的大雁一样进入"胡天"。唐玄宗让王维以监察御史的身份前往边塞察访军情，实际上是将其排挤出朝廷。这里诗人用"征蓬"比喻一个身负重命的朝廷大臣，也暗喻自己内心的激愤和抑郁。

李商隐《无题》："嗟余听鼓应官去，走马兰台类转蓬。""我"听到更鼓报晓的声音，就要离开你去当差。在秘书省进进出出，就像蓬草飞转一般。这首诗流露出诗人对所任差事的厌倦，暗含对身世飘零的感慨。同样表达羁旅漂泊苦味的还有杜甫的《八月十五夜月二首》(其一)："转蓬行地远，攀桂仰天高。"诗人地处偏僻的夔州，离家乡越来越远。杜甫《风疾舟中伏枕书怀三十六韵奉呈湖南亲友》："转蓬忧悄悄，行药病涔涔。瘗夭追潘岳，持危觅邓林。"贫病交加的杜甫，带着一家八口人从长沙乘船到岳阳，经过洞庭湖时，病情加重，卧床不起。他想到自己不久于人世，便写此绝笔送湖南亲友。他在诗中说明病情，回顾自己颠沛流离的半生，充满凄切动人的家国之忧。白居易《望月有感》："吊影分为千里雁，辞根散作九秋蓬。"这首诗写在经历天灾人祸之后，田园荒芜，骨肉离散，诗人不免忧国思亲，伤乱悲离。亲友分离，就像分飞千里的孤雁一样，只能吊影自怜。离开故乡，流浪异乡，就像深秋断根的蓬草一样，飘荡无依。周邦彦《虞美人》："疏篱曲径田家小，云树开清晓。天寒山色有无中，野外一声钟起、送孤蓬。"这是词人为心上人送行的词作。树上的云雾渐渐散去，在有着疏朗的篱笆围墙、曲折迂回的小路的农家，你即将远行。远处的云雾还未散开，在山中似乎笼罩着一层若隐若现的寒色，野外山寺的钟声响起了，分手的时刻终于到了。

一畦蓬乱的草，在风雨中飘摇，触动了诗人孤凄的心，成为身世之叹的经典形象。无论是送别远行人，还是身在他乡的自己；无论是在官场的身不由己，还是贫病生活的无能为力，孤蓬总是让人愁绪倍增。

青苔：可怜此地无车马

象征环境清幽，表达闲适心情。

王维《鹿柴》：“空山不见人，但闻人语响。返景入深林，复照青苔上。”空山里看不见一个人影，只有大自然中的啾啾鸟鸣、唧唧虫响、潺潺水声，突然一声人语，似乎是给寂静的空山去除幽静的，谁知人语响过，空山更显空寂。一抹斜晖射入深林，照在幽暗的青苔上，可阳光转瞬即逝之后，便是更加漫长的幽暗。宋代陈克《菩萨蛮》：“绿芜墙绕青苔院。中庭日淡芭蕉卷。”青草将院墙围绕，青苔铺满庭院。正午时分，阳光淡淡地投向芭蕉，芭蕉叶大而卷，可见人迹罕至，环境清幽，也见词人的闲适心情。宋代刘攽《新晴》：“青苔满地初晴后，绿树无人昼梦余。惟有南风旧相识，偷开门户又翻书。”午睡过后，只见窗外青苔满地，一阵南风吹来，吹得门开，桌上的书也随风翻动，这南风就好像是老朋友过来看望诗人一般。可见诗人悠闲自得的心情。

象征环境冷寂，抒发孤独心境。

李商隐《端居》：“阶下青苔与红树，雨中寥落月中愁。”因为无人来，所以冷寂的台阶下青苔满地，这一片绿色和深秋的红树在朦胧的雨中变得黯淡模糊起来，可那也没有月下异乡令人愁啊。韩愈《题张十一旅舍三咏榴花》：“可怜此地无车马，颠倒青苔落绛英。”因为地方偏僻，无车马喧闹地来来往往，所以任由殷红的石榴花落至青苔。诗人叹息花开无人来赏，亦即暗喻朋友满腹才华却被统治者贬谪于穷乡僻壤，无法施展。杜牧《题扬州禅智寺》：“青苔满阶砌，白鸟故迟留。”青苔满阶，白鸟留迟，衬托寺内人烟稀少，空寂凄清，这也是诗人担心弟弟身体和自己前程所致。南唐冯延巳《采桑子》：“林间戏蝶帘间燕，各自双双。忍更思量，绿树青苔半夕阳。”失去情侣之后，却看到林间双蝶嬉戏，帘间双燕纷飞，令人更加难过，忍不住反复思量。抬眼望去，青苔漫漫，绿树森森，夕阳半落更令人惆怅。

如果想要寻觅一处青苔，可找一面古老的墙，青苔就默默地躺在角落里。无论新雨的滋润，还是斜晖的光照，它都无言地与泥土为伴。这样枯坐在光阴里的青苔，是历代文人寻访的寄托心灵的所在。这一切，却都在文字里化为山高水长。

萱草：小轩独坐相思处

萱草，也叫忘忧草，一向有“母亲花”的美称，象征亲情。

在古代，当游子要远行的时候，就会先在北堂种上萱草，希望母亲在照顾萱草之时能够减轻对孩子的思念，忘却烦恼与忧愁。

元代文学家王冕《墨萱图》（其一）：“灿灿萱草花，罗生北堂下。南风吹其心，摇摇为谁吐？慈母倚门情，游子行路苦。甘旨日以疏，音问日以阻。举头望云林，愧听慧鸟语。”灿烂的萱草花，种在北堂下。南风轻吹，随风摇摆的它是为了谁而吐露芬芳？慈祥的母亲倚靠着门框盼儿归，游子的异乡路也走得很辛苦，导致对双亲的奉养日渐疏远，游子的音讯也不能每日都能传到。抬头望云林，听着慧鸟的叫声，让人心生惭愧。孟郊也有同样意境的诗作《游子》：“萱草生堂阶，游子行天涯。慈亲倚堂门，不见萱草花。”游子临行前在堂前种了萱草，母亲忙了一会儿家务，走到堂门前一看，萱草花怎么还没开呀？

令人忧愁的何止亲情，还有那叫人魂牵梦萦的爱情。

《诗经·卫风·伯兮》：“焉得谖草？言树之背。愿言思伯，使我心瘁。”这篇诗歌写妻子思念从军的丈夫，一方面为丈夫保家卫国感到骄傲，一方面又为其担忧，思念。这种思念已经使这个妻子不堪重负，希望得到北屋的忘忧草，让自己暂时忘记忧愁。谖（xuān）草，即萱草。宋代石孝友《眼儿媚》：“小轩独坐相思处，情绪好无聊。一丛萱草，几竿修竹，数叶芭蕉。”女子独坐窗前相思，好似这小轩里也盛不下这么多的思念，情绪好无聊。看看令人忘忧的萱草，再看看如你一样品德高尚的修竹，再看看那些许芭蕉，相思更甚。

绿色的萱草，橙色的萱草花，成了母爱的象征。

当子女在外求学工作时，母亲倚靠门扉的身影是游子心头永远抹不去的印记，幸好堂前的萱草给了母亲些许慰藉。据说，孟郊“谁言寸草心，报得三春晖”中的“寸草”便是指萱草。可令人焦心的事何止一件，逐渐萱草忘忧的意象被更多的人引用。

后庭花：商女不知亡国恨

“后庭花”是指陈后主曾作的一首《玉树后庭花》，这首诗被认为是亡国之音、不祥之兆。

“商女不知亡国恨，隔江犹唱《后庭花》”出自唐人杜牧的绝句《夜泊秦淮》。歌女哪知道什么亡国之恨，她们还在岸那边唱着靡靡之音《后庭花》。李商隐《隋宫》：“地下若逢陈后主，岂宜重问后庭花？”诗人在这首诗中提到后庭花，是指隋炀帝重蹈陈后主覆辙，结果身死国灭，为天下笑。许浑《陈宫怨二首》（其一）：“风暖江城白日迟，昔人遗事后人悲。草生宫阙国无主，玉树后庭花为谁。”贺铸《水调歌头·台城游》：“商女篷窗罅，犹唱《后庭花》。”商船窗缝里传出歌声，还在唱着《后庭花》。

词人在此用典，是为了说明，陈后主前车之鉴不远，宴安鸩乐的统治者们，不能重蹈覆辙了。杨维桢《漫兴七首》（其三）：“生来不识古井怨，唱得后主后庭花。”

不闻战场的喧嚣，不见百姓流离失所的幽怨，没有政事商议，没有帝王的豪情感叹，只有舞池酒林，左拥右抱，这就是历代“后庭花”的缩影。只管眼前华丽、奢华的贪图享乐，不管身后的生灵涂炭、千古骂名，这就是“后庭花”的写照。岁月的声音流淌在古筝的丝弦里，一千多年后的今天，听着弦乐，读着后庭花，书写着过往的亡国之叹，感悟着今日的强国之盛。

采薇、式微：田夫荷锄至，相见语依依

采集薇菜而食，象征生活艰辛。

《诗经·小雅·采薇》：“采薇采薇，薇亦作止。采薇采薇，薇亦柔止。采薇采薇，薇亦刚止。”此诗写一个退役的征夫在返乡路上的所思所想。薇菜可食，戍卒可采薇充饥。诗歌头三章以“采薇”起兴，叙述了薇菜从破土而出到长出嫩芽，再到茎叶老硬的过程，不仅暗示了时间的推移和戍役生活的漫长，还说明征夫生活的艰苦。

商末周初，伯夷、叔齐兄弟隐于首阳山，采薇而食，后世遂以采薇指隐居生活。

王维《送綦毋潜落第还乡》：“圣代无隐者，英灵尽来归。遂令东山客，不得顾采薇。”王维劝落第返乡的好友綦毋潜，说如今政治清明，天下太平，已经没有隐者了，有才干的人都应为朝廷出力。所以你这个像谢安一样的山林隐者，也应如此。东山客，指东晋谢安曾隐居会稽东山，借指綦毋潜。唐代王绩《野望》:“相顾无相识，长歌怀采薇。”身处田园的诗人感受不到陶渊明那样的精神慰藉，他说自己左右相顾却都不认识，只好怀念隐居山林的伯夷和叔齐了。

《诗经·邶风·式微》:“式微，式微，胡不归？微君之故，胡为乎中露！式微，式微，胡不归？微君之躬，胡为乎泥中!”这是苦于劳役的人发出的怨声。天黑了，天黑了，为什么还不回家呢？都是为了君主的事情，为了君主的贵体，他们夜以继日地在露水和泥浆中劳作。“式微”一词在后来的古典诗词中逐渐衍化为“归隐”的意象。王维《渭川田家》:“田夫荷锄至，相见语依依。即此羡闲逸，怅然吟式微。”丰收的季节即将到来，傍晚时分，荷锄而归的农民见面热切地聊着家常。诗人看到这样美好的画面，再想想官场的尔虞我诈，不由得吟起《式微》，羡慕起归隐的田园生活。再如孟浩然“因君故乡去，遥寄式微吟”(《都下送辛大夫之鄂》)，唐末贯休“东风来兮歌式微，深云道人召来归”(《别杜将军》)等，都在借《式微》述说隐逸生活。

第二编

禽鸟鱼虫篇

法布尔说，大山离住处很近，到处都是以前和现在所熟知的动物朋友们，那些昆虫，是他亲爱的伙伴。他为了和它们亲近，为了乡村而逃离城市。

在历代诗人心目中，禽鸟鱼虫何尝不是他们的伙伴？他们为了心灵高远而逃离官场，来到了高山大海处，来到了乡野田园中，仰视勇猛凌云的鹰，羡慕奋起高飞的鸿鹄，欣赏自由飞舞的蝴蝶，倾听高洁飘逸的蝉鸣，盼望蜘蛛、喜鹊的喜讯，期待与鸥盟约相亲，他们希望自己能像水中游来游去的鱼儿一样悠然，希望自己能像老翁一样，住在池塘畔听蛙鸣，享受鸡犬入衣裾的安闲。

禽鸟鱼虫的一唱一和，一举一动，是它们的声音和语言，是它们的情感和表达，它们用永不枯竭的灵性照亮了诗人的心灵，不但让我们读到了经典诗词，还让我们感悟到了赤子情怀。循着山路小径，依着溪流沙丘，我们也去听听鸟鸣，看看游鱼，寻找彼时的诗情，并让其继续流淌而去。

蝉：居高声自远，非是藉秋风

象征高洁飘逸的人格或暗喻坎坷艰难的身世。

初唐诗人虞世南《蝉》：“垂緌饮清露，流响出疏桐。居高声自远，非是藉秋风。”用蝉喻指高洁的品质。诗人骆宾王《在狱咏蝉》：“西陆蝉声唱，南冠客思深。不堪玄鬓影，来对白头吟。露重飞难进，风多响易沉。无人信高洁，谁为表予心？”头两句听秋蝉高鸣，身在牢狱的诗人自觉不如蝉自由，于是抒发悲怀之情。南冠，指代囚徒。“高洁”一词双关鸣蝉。古人认为蝉栖高树，餐风饮露，是高洁的象征，所以常以蝉的高洁表现自己品行的高洁。李商隐《蝉》：“本以高难饱，徒劳恨费声。五更疏欲断，一树碧无情。”“高”既指蝉居高，又暗示人之高洁。蝉彻夜嘶鸣，但无人理睬，碧树照常青翠，真是无情啊！“我”到处漂泊，早已丢下的家乡田园，已是一片荒芜。最后一句“烦君最相警，我亦举家清”：蝉啊，谢谢你的提醒，“我”也是到了举家清贫如洗的地步，和你并无两样。诗人以蝉自喻，写尽了凄凉和沉痛。这三首诗都是以咏蝉寓意的名作，善于比兴寄托，被誉为“咏蝉三绝”。同样意境的还有北周卢思道《听鸣蝉篇》，由“群嘶玉树里，回噪金门侧”“长风送晚声”引发“此听悲无极”的感慨，而牵动“故乡已超忽，空庭正芜没”的思绪。南宋末年词人王沂孙《齐天乐》：“甚独抱清高，顿成凄楚？”词人以“独抱清高”之志节自处，哪知竟落得“顿成凄楚”的结果，只好诉其遭遇之悲苦。南朝诗人刘删《咏蝉诗》："声流上林苑，影入侍臣冠。得饮玄天露，何辞高柳寒。"

象征别离之情、羁旅之悲。

一番秋雨之后，蝉声凄凉断续，似有气无力，命折旦夕。因此，蝉成为悲凉的同义词。柳永《雨霖铃》："寒蝉凄切，对长亭晚，骤雨初歇。"还未直接描写别离，寒蝉、长亭、骤雨三个意象就把离情的调子铺就，使离愁别绪的气氛弥漫开来。同样表示哀愁、凄凉的还有曹植的《赠白马王彪》："秋风发微凉，寒蝉鸣我侧。"另外，表达羁旅之悲的有南宋朱熹的《宿寺闻蝉作》："树叶经夏暗，蝉声今夕闻。已惊为客意，更值夕阳薰。"

象征悲凉、愁思。

王昌龄《塞下曲》："蝉鸣空桑林，八月萧关道。出塞入塞寒，处处黄芦草。"这四句写边塞秋景，无限肃杀悲凉，寒蝉、桑林、萧关、边塞、秋草都是中国古代诗歌意象里悲情的代名词，诗歌开篇刻意描写肃杀的秋景是为后来的反战主题做背景和情感上的铺垫。《古诗十九首·明月皎夜光》："秋蝉鸣树间，玄鸟逝安适。"描写深秋季节寂寥凄清之境况，进而触发诗人对于世态炎凉的悲思。李商隐《凉思》："客去波平槛，蝉休露满枝。"池塘水涨，鸣蝉已休，清露满枝，一幅生动的秋夜凉亭图，为下文抒发愁思做了铺垫。

象征报秋的使者。

刘禹锡的《始闻秋风》："昔看黄菊与君别，今听玄蝉我却回。"诗中的"我"即"秋风"，去年菊花开后你就走了，今年寒蝉叫了你又回来了。据《礼记·月令》记载，菊黄当在季秋，即秋去冬来之际；蝉鸣当在孟秋，即暑尽秋来之时。"看黄菊""听玄蝉"，形象而准确地点明了秋风去而复返的时令。姜夔的《惜红衣》中"高柳晚蝉，说西风消息"的晚蝉，也在声声诉说着时序将变、秋风将至的消息。还有南宋杨万里的《初秋行圃》："落日无情最有情，遍催万树暮蝉鸣。"宋代徐玑也有《秋行》："戛戛秋蝉响似筝，听蝉闲傍柳边行。"

沿着万缕金丝的骄阳，循着绿叶掌上的脉络，我们来到了蝉的身边。四面蝉歌的午后，周围一片静谧，思想自由驰骋。这时，虞世南的"独抱清高"，王昌龄辽阔边塞的蝉鸣，李商隐的秋凉蝉休图，柳永的寒蝉骤雨，曹植、朱熹的寒蝉鸣侧，姜夔的晚蝉说西风，一一浮现在眼前。伤离、悲愁、清高……蝉的生命在夏之一唱，而其情志，会在我们的文章中绵延无尽。

蝶：却疑春色在邻家

双蝶，象征爱情。

李商隐《锦瑟》：“庄生晓梦迷蝴蝶，望帝春心托杜鹃。”这是诗人怀念妻子的悼亡之作，运用庄周梦蝶和望帝化成子规的典故，来描写人间的悲欢离合，抒发往事如烟、爱情无常的感慨。张先《醉垂鞭》：“双蝶绣罗裙，东池宴，初相见。”这是张先在酒筵中的赠妓之作：记得一次相见是在东池宴会上，你穿着绣着双蝶的罗裙。纳兰性德《蝶恋花》：“唱罢秋坟愁未歇，春丛认取双栖蝶。”诗人悼念之后，满怀的愁绪还是不能消解。看到春天花丛中成对飞舞的蝴蝶，更加思念自己的妻子，希望自己死后能和亡妻化作双宿双飞的蝴蝶。

蝶飞花间，比喻对自由无拘生活的向往。

杜甫《江畔独步寻花》（其六）：“留连戏蝶时时舞，自在娇莺恰恰啼。”春暖花开的季节，诗人在江畔散步，看到蝴蝶在花丛中曼舞，惹得诗人留恋不已，这时耳边又传来黄莺动听清脆的歌声。此时的杜甫饱经战乱，终于在成都西郊草堂安定下来，心情轻松，自然感到景色也美。唐代王驾《雨晴》：“雨前初见花间蕊，雨后兼无叶里花。蛱蝶飞来过墙去，却疑春色在邻家。”雨前刚看到的花蕊，雨后花事已了，只剩绿叶。看到这般颓废的春景，蝴蝶也不愿久待，飞到院墙那边去了，难道是春色在邻家吗？向往自由和美好的蝴蝶，竟也“抛弃”了暮春景致。

大自然中的蝴蝶寿命最长的也就几个月，所以彩蝶在春光中翻飞的美好景象，是它们在尽情绽放美丽的生命。于是，它们最美丽的时候，便成了诗人心中的向往。“戏蝶时时舞”的流连，“双蝶绣罗裙”的爱慕，也会在我们的生命旅程中成为最佳景点，在文章中成为中心思想。

燕：飞入寻常百姓家

表现春光的美好，传达惜春之情。

白居易《钱塘湖春行》：“几处早莺争暖树，谁家新燕啄春泥。”晏殊《破阵子》：“燕子来时新社，梨花落后清明。”新社即春社，春分前后；清明在春分后十五日，要上坟祭祖。从春社到清明，是春光最好的时候。宋代左纬《春晚》：“池上柳依依，柳边人掩扉。蝶随花片落，燕拂水纹飞。”诗人描绘了一幅景色撩人的晚春图：杨柳依依，蝴蝶翻飞，花瓣飘舞，燕子掠水……

象征爱情，传达思念之情。

《古诗十九首·东城高且长》：“思为双飞燕，衔泥巢君屋。”意为两人欲白头偕老之意。晏几道《临江仙》：“落花人独立，微雨燕双飞。”落花时节，在微雨中看着双飞燕，一人孑然伫立，好不凄凉。李白《双燕离》也在表达同样意境：“双燕复双燕，双飞令人羡。”曹丕《燕歌行》：“秋风萧瑟天气凉，草木摇落露为霜，群燕辞归鹄南翔。”诗人开篇描写了一幅肃杀的秋景，是为下文女主人公思念丈夫的情感表达作铺垫。冯延巳《长命女》：“春日宴，绿酒一杯歌一遍。再拜陈三愿：一愿郎君千岁，二愿妾身常健，三愿如同梁上燕，岁岁长相见。”篇末，词人以梁燕双栖喻夫妻团圆，天长地久。宋代郑文宝《缺题》：“梁燕不知人事改，雨中犹作一双飞。”张可久《塞鸿秋》：“伤情燕足留红线，恼人鸾影闲团扇。”“燕足留红线”为典故，抒发了女子对男子的深切思念，典出宋曾慥类说引《丽情集·燕女坟》：宋末妓女姚玉京的后夫敬瑜死后，玉京守志奉养公婆，常有双燕筑巢于梁间。一日，其中一只被鸷鹰捉去，另一只孤飞悲鸣，停在玉京臂上，似要与她告别。玉京以红线系燕尾，嘱咐明年再来做伴，明年燕子果然来到，此后相伴六七年。到玉京病死那年，燕子也飞到坟地悲鸣而死。

表现时事变迁，抒发昔盛今衰、物是人非的感慨和悲愤。

刘禹锡的《乌衣巷》：“旧时王谢堂前燕，飞入寻常百姓家。”黄昏时分，诗人看到燕子飞入民宅，想到古时的贵族豪门，沧桑感油然而生。唐代李益《隋宫燕》：“燕语如伤旧国春，宫花一落已成尘。”目睹过由盛而衰的燕子正在低声私语，花落花开已成泥土，无人问津。诗人以燕子之语感叹世事变迁，吊古伤今。晏殊《浣溪沙》：“无可奈何花落去，似曾相识燕归来。”词人看到燕子回巢，想到旧人未归，物是人非的沧桑感瞬间涌上心头。

象征羁旅离别，抒发怀思。

周邦彦《满庭芳》：“年年。如社燕，飘流瀚海，来寄修椽。”社燕每年春社时北来，秋社时南归，从漠北瀚海飘流来此，于人家屋椽之间栖身。词人以社燕自比，暗喻自己宦情如逆旅的心情。柳永《玉蝴蝶》：“念双燕、难凭远信，指暮天、空识归航。”眼前双飞的燕子无法寄去“我”对故人的思念，天际归来的小舟，疑是故人来，却是一场空。苏轼《送陈睦知潭州》：“有如社燕与飞鸿，相逢未稳还相送。”西汉刘安《淮南子·地形训》：“磁石上飞，云母来水，土龙致雨，燕雁代飞。”燕夏天来温带，冬天归南方；大雁秋分后来温带，春分后归南方。燕子与大雁交替迁徙，比喻各自一方，不能相见。

几场蒙蒙细雨过后，柳丝飘拂，春意暖暖，几只小燕子就从南方而来，唧唧喳喳地飞过天空，掠过麦田，偶尔停留在电线上，如郑振铎比喻的成了五线谱上的音符，奏响了春天的赞歌。这时，白居易、左纬笔下的诗句，给我们的描述增添了无限美好。飞累了，成双成对的小燕子，就选择在喜欢的屋檐下筑巢。湿泥和细枝是最简单的材料，温情和精细是最幸福的养料。这时，李白、冯延巳笔下那令人羡慕的双飞燕共同谱写着爱情的赞歌。燕子是恋旧的鸟儿，不论主人家贵贱贫富，每年它都会如约而至，如刘禹锡笔下“飞入寻常百姓家”的燕子一样，在我们的文字中见证时光的流转。

鹤：声闻于野，声闻于天

常与仙联系起来，被称为“仙鹤”。

唐代崔颢《黄鹤楼》：“昔人已乘黄鹤去，此地空余黄鹤楼。”黄鹤楼，在武昌蛇山黄鹄矶头，与岳阳楼、滕王阁并称为“江南三大名楼”，据南朝宋东阳无疑《齐谐志》载，此楼因仙人王子安曾乘鹤过此而得名。

比喻德行高洁、超然脱俗之人。

《诗经·小雅·鹤鸣》：“鹤鸣于九皋，声闻于野。……鹤鸣于九皋，声闻于天。”白鹤在沼泽边长鸣，鸣声嘹亮传遍四野。白鹤在沼泽边长鸣，鸣声嘹亮响彻天际。鹤是珍稀动物，在这首诗里指统治者所重视的人才。刘长卿《送方外上人》：“孤云将野鹤，岂向人间住。”此诗是诗人送僧人归山而作，他将方外上人比喻为孤云和野鹤。贾岛《宿山寺》：“绝顶人来少，高松鹤不群。”山高而人迹罕至，独鹤栖于高松之上，这两句描绘了山寺环境的清幽和高僧的超然脱俗。

鹤喜欢栖息在郊野深谷，故有隐逸的象征。

司空曙《送僧无言归山》：“人到白云树，鹤沉青草田。”常建《宿王昌龄隐居》：“余亦谢时去，西山鸾鹤群。”诗人描绘了王昌龄隐居处的自然景色，赞颂其清高品格，表示自己也要学王昌龄过这样的隐逸生活。王维《山居即事》：“鹤巢松树遍，人访荜门稀。”此句写山居清幽的环境，表达诗人想要隐居山中的心愿。

鹤是长寿的象征。

唐柳公绰《赠毛侧翁》："松高枝叶茂，鹤老羽毛新。"唐司马退之《洗心》："山瘦松亦劲，鹤老飞更轻。"

如果想要与一只鹤相遇，那可不是一件简单的事。因为它的家在沼泽、芦苇塘、浅滩等人迹罕至的地方，所以刘长卿说它并非住在人间。如果决心要去造访群鹤，一定要选在清晨或日暮，看它们被惊扰后呼啦啦飞起的样子，看它们留在沙滩上的足印和薄羽，看它们在阳光中飞翔的美好。还有，一定要带上关于鹤的那些诗作，这样，才能在回来后写出情景并茂、意境丰富的游记。

鱼：绕池闲步看鱼游

游来游去的鱼，象征自由、惬意的生活状态。

古代诗人中，写"鱼"最多的，要属白居易。《新秋喜凉，因寄兵部杨侍郎》："俯观游鱼群，仰数浮云片。"《观游鱼》："绕池闲步看鱼游，正值儿童弄钓舟。"《续古诗十首》："上有和鸣雁，下有掉尾鱼。"《咏所乐》："兽乐在山谷，鱼乐在陂池。"白居易常在诗中写"鱼乐"，以此寓写自己在洛阳隐逸生活的闲乐，并以鱼的从容、自由、随性表达了对生命最高境界的理解和追求。欧阳修《醉翁亭记》："临溪而渔，溪深而鱼肥。酿泉为酒，泉香而酒洌；山肴野蔌，杂然而前陈者，太守宴也。"作者描写有肥鱼泉酒、山肴野蔌的太守宴，反映众人之闲乐。柳宗元《小石潭记》："潭中鱼可百许头，皆若空游无所依。日光下澈，影布石上，佁然不动；俶尔远逝，往来翕忽。似与游者相乐。"作者在改革受挫之后，心情沉郁，看到潭中水清鱼游，不禁心神清雅，亦是片刻欢乐所得。陶渊明

《归园田居》："羁鸟恋旧林，池鱼思故渊。"诗人把自己比喻为鸟或鱼，渴望归林归塘，意为向往闲适、自由的生活。他置身宦途就说过"望云惭高鸟，临水愧游鱼"。李白《秋浦歌》（其十六）："秋浦田舍翁，采鱼水中宿。妻子张白鹇，结罝映深竹。"诗作描写了恬静、悠闲的农家田园生活。汉乐府诗《江南》："鱼戏莲叶东，鱼戏莲叶西，鱼戏莲叶南，鱼戏莲叶北。"有人说鱼指男人或女人，有人说鱼发音与"吾"相近，无论哪种解释，这首诗作极写欢乐之情景是无可辩驳的。

鱼儿可是水中的精灵，它们在水中游来游去，有时猛地纵身向上一跃，突然跃上水面，有时俯身向下一钻，钻入水底不见踪影，有时攀缘水草，像在寻觅什么，有时和伙伴嬉戏，不亦乐乎。就这样，观赏着游鱼，体会它们的悠闲自得，想象着白居易诗中的"鱼乐"，畅想着陶渊明、李白笔下的"鱼生活"，我们的文章中就会呈现出一个鱼的世界，那是一个鱼儿游动、诗情萦绕的世界。

鹰：拔去万累云间翔

雄鹰天际，象征凌云壮志。

柳宗元《笼鹰词》："凄风淅沥飞严霜，苍鹰上击翻曙光……但愿清商复为假，拔去万累云间翔。"首句写鹰的雄姿，不怕风霜雨雪，直击苍穹的勇敢。诗人在被贬后写就此作品，期盼有朝一日能像雄鹰一样冲出藩篱，遨游天际。杜甫《画鹰》："素练风霜起，苍鹰画作殊……何当击凡鸟，毛血洒平芜。"这是一首题画诗，白绢上似乎风霜欲起，原来是画上苍鹰不同凡响所致。最后诗人直把画鹰当真鹰，希望它能搏击凡鸟，暗喻自己疾恶如仇的性格和奋发向上的决心。

鹰扬鹰腾，象征勇猛顽强。

《诗经·大雅·大明》："驷骠彭彭，维师尚父，时维鹰扬。"此句写军师尚父，即姜子牙勇猛驰击，辅佐武王指挥大军袭击商军的情形。战马强壮威武，军师尚父率领军队如鹰一样在战场上飞扬。再如唐玄宗李隆基《平胡》："蒙轮皆突骑，按剑尽鹰扬。"杜甫《北征》："所用皆鹰腾，破敌过箭疾。"鹰腾，指如鹰一样飞腾，形容战士骁勇善战。

饥鹰捕食，比喻荒凉景色。

孟浩然《南归阻雪》："积雪覆平皋，饥鹰捉寒兔。"一片荒凉景象，喻示诗人的怅惘心情。同样意境的还有鲍照的《芜城赋》："饥鹰厉吻，寒鸱吓雏"，诗人以此暗示战后广陵的衰飒风景，让人不觉潸然泪下。

苍鹰向着曙光，直击天穹的志气；苍鹰传神，使风霜欲起的气势；苍鹰勇猛，势如破竹的勇气，经过诗人的墨香熏染，在诗意中透出坚毅。据说，鹰是世界上寿命最长的鸟，一生至少要受两次磨难，一次是出生后艰难的起飞，一次是中年时重生的磨难。所以，翱翔天际"鹰"姿背后，是凤凰涅槃般的隐忍。印加人喜欢用高原鹰的翅膀骨做成鹰笛，尖锐而绵长的笛声，在空气中震颤良久，最后落在云朵上，寓意鹰灵栖息。这个过程，就像诗人笔下的苍鹰一样，以其精髓停留在我们的文章中，滋养文心。

马：骨骼硉兀如堵墙

马的病、瘦、老、死，抒发了英雄失路、志士蹉跎的郁愤。

杜甫《瘦马行》："东郊瘦马使我伤，骨骼硉兀如堵墙。"诗人通过对马外形的描写，塑造了一个令人同情、孤立无援的瘦马形象。这首诗是杜甫贬官时所作，诗中叙述的马是一匹被遗弃的官马，和诗人当时处境有共同之处，故杜甫借马寄托自己的身世之感。同样是瘦马，马致远的“古道西风瘦马”，抒发的却是羁旅之感，古老的道路上人迹罕至，西风扑面而来甚是寒冷，一匹瘦骨嶙峋的马蹒跚而行。可想而知，坐在马上的行人也是憔悴不堪。作者以此哀景衬哀情，抒发游子天涯的情思。韩愈《左迁至蓝关示侄孙湘》：“云横秦岭家何在？雪拥蓝关马不前。”此诗是韩愈获罪后而作。云横而看不见家，也看不见长安，大雪漫天，立马蓝关，雪阻而不能前行。“马不前”指自己前途渺茫，心情悲切。李白《送友人》：“挥手自兹去，萧萧班马鸣。”班马：离群的马。李白与友人骑马分别，友人此去蓬飘万里，前途茫茫，班马似乎也感受到这种别离，不愿离群，以萧萧鸣叫而示。陆游《关山月》：“朱门沉沉按歌舞，厩马肥死弓断弦。”豪门贵族庭院深深，从里面传来打着节拍的歌舞声，马厩里的战马肥死了，弓箭也断了弦。陆游是一位爱国诗人，这两句场面描写是说南宋朝廷妥协投降后偏安一隅，不思战事，只管歌舞升平，抒发了诗人愤懑的心情。

骏马萧萧，驰骋沙场，象征开拓进取的精神。

《离骚》：“乘骐骥以驰骋兮，来吾道夫先路！”“我”乘着骏马驰骋，“我”为你做开路向导。此句反映了屈原的凌云壮志，即欲以其智能辅弼君子。王昌龄《从军行》：“人依远戍须看火，马踏深山不见踪。”远在边戍，天地阔远，军情传递需要靠烽火台，一匹马在深山里，一会儿就不见了踪影。这两句诗会使人联想到戍边战士矫捷的身手。杜甫的《兵车行》“车辚辚，马萧萧，行人弓箭各在腰”，描写了一幅出发征战沙场的宏伟场面。《后出塞五首》(其二)“落日照大旗，马鸣风萧萧”，描绘了出塞时的宏阔场景，余晖照在军旗上，风也嘶鸣，马也萧萧，大军在烈风中急速行军。两句出自《诗经·小雅·车攻》“萧萧马鸣，悠悠旆旌”。“萧萧”形容马鸣的声音；“悠悠”刻画了旗帜飘扬的状态。辛弃疾《破阵子·为陈同甫赋壮词以寄》：“马作的卢飞快，弓如霹雳弦惊。”英雄骑着快如“的卢”的战马，弓箭拉得如霹雳一样壮响。这两句描绘了英雄驰骋战场的勇猛形象，也是词人的化身。的卢，良马名，一种额部有白色斑点的性烈的快马。相传刘备遇危难，深陷襄阳城西的檀溪水中，的卢马一跃三丈，帮其脱离险境。陆游在古稀之年，回忆起自己当年单枪匹马为保卫梁州奔赴万里边疆时的情景而作《诉衷情》："当年万里觅封侯。匹马戍梁州。"

马的外形俊朗，内心忠贞，又因其驰骋奔跑的飒爽英姿，成为了战场上的主角、将士的知己。马是敏感怯懦的，但是在找到最佳骑手后，它便是勇猛矫健的。你看那在战场上与将士一起厮杀的战马，无论是胜利后的嘶鸣，还是失败后的悬崖和深渊，它都会与主人共同奔跑在生死之间。在古代，马又是人们出行的主要交通工具。所以，马的生老病死被诗人赋予了许多心事，有驰骋疆场的凌云壮志，有仕途失意的瘦骨嶙峋，有厩栅肥死的妥协投降，也有嘶鸣萧萧的挥手征别……有如此丰富的马的意象，还怕我们的妙笔不生花吗？

蛙：稻花香里说丰年

衬托环境清幽。

陆游《幽居初夏》："水满有时观下鹭，草深无处不鸣蛙。"湖水涨满时，白鹭翩翩水上游，绿草丛中，蛙鸣处处。两句一静一动，以有声衬无声，渲染居所环境之幽静。宋代赵师秀《约客》："黄梅时节家家雨，青草池塘处处蛙。"梅子黄时，细雨连绵不断，满是青草的池塘边上，传来一阵阵蛙声，正是这雨声和蛙声衬托了周遭的寂静。辛弃疾《西江月·夜行黄沙道中》："明月别枝惊鹊，清风半夜鸣蝉。稻花香里说丰年，听取蛙声一片。"这是一首吟咏田园风光的词。这四句话里虽然每句都有声音，鹊声、鸣蝉、人声、蛙声，但每一句又让我们感受到了深夜的阒寂。张可久《折桂令·别怀人生最》："红尘不到山家。赢得清闲，当了繁华。画列青山，茵铺细草，鼓奏鸣蛙。"

象征夏天来到。

宋代曹豳《春暮》:“林莺啼到无声处，青草池塘独听蛙。”暮春时节，夏天就要到来，再也听不到黄莺那动听的歌声了，只能在长满青草的池塘边，听一听蛙声了。明代刘基《五月十九日大雨》:“雨过不知龙去处，一池草色万蛙鸣。”夏天雷雨过后，池塘水涨，草色青翠，蛙声一片。明代夏言《浣溪沙》:“帘幕受风低乳燕，池塘过雨急鸣蛙。”帘低乳燕，池塘鸣蛙，正是春深夏浅，宜人天气。

盛夏的乡村，在夜晚或雨后的池塘边，就能与蛙鸣来一场约会。听着此起彼伏的蛙声，像是一场歌友见面会。那声音时高时低、时缓时急，像是在和你进行着互动。那蛙声清脆、响亮，一会儿的工夫，你便听得入了神，仿佛世界都静止了一般。只有那声音，带着你穿越时空，享受着陆游的闲适、辛弃疾的恬静，以及感受着赵师秀等约客不来的焦急。

鹊：暗数秋期天上

喜鹊报喜。

李白《经乱离后天恩流夜郎忆旧游书怀赠江夏韦太守良宰》:“五色云间鹊，飞鸣天上来。”云间五色的喜鹊，鸣叫着从天上飞来。诗人以为是大赦文书到了，没想到却是“传闻赦书至，却放夜郎回”。冯延巳《谒金门》:“终日望君君不至，举头闻鹊喜。”唐代上官仪《入朝洛堤步月》:“脉脉广川流，驱马历长洲。鹊飞山月曙，蝉噪野风秋。”前两句写诗人在上朝路上的所见，接下来写到达城门外的所闻。天已微亮，曙光可见，鹊飞报喜，表现出天下太平的景象，又流露着自己执政治世的气魄。陈与义《雨晴》:“墙头语鹊衣犹湿，楼外残雷气未平。”暑热蒸腾的盛夏，一场雷雨刚过，喜鹊的羽毛还未干，就急着向人们报天晴的消息，可是远处楼外的残雷声还未平息呢。

七夕鹊桥，喻指思恋。

先秦“鹑之奔奔，鹊之彊彊”之句，意为鹌鹑双双共栖止，喜鹊对对齐飞翔。李商隐《辛未七夕》：“岂能无意酬乌鹊，惟与蜘蛛乞巧丝。”既奉出食品，让蜘蛛代为乞巧，那又如何答谢搭鹊桥的乌鹊呢？李清照《行香子·七夕》：“星桥鹊驾，经年才见，想离情、别恨难穷。”宋代谢薖《鹊桥仙》：“月胧星淡，南飞乌鹊，暗数秋期天上。”七夕的晚上，月亮朦胧，群星黯淡，不但应和了时间，也为牛郎织女相会创造了优雅环境。词人艳羡牛郎织女的约会，勾起自己的伤心怀人之情。

不知你是否有过这样的经历：当你在屋内听到窗外唧唧喳喳的喜鹊声时，便循声望去，想要看看那报喜的鸟儿究竟落在哪里，可是窗外的树枝上没有，对面的屋顶上没有，不远处的烟囱上也没有……虽然没有看到它的身影，但是它带来的喜信总是让人开怀的，它的神秘总是让人期待它的下一次到访。还有鹊桥相会那美好的爱情传说，以及诗人笔下的款款深情，这一切关于“鹊”的故事，都让我们心里生发了一种情绪，无论那是什么，总与美好有关。

杜鹃：柳外楼高空断魂

象征悲苦、哀怨、凄凉。

杜鹃，又名子规、杜宇等，在古代神话中，战国时蜀王杜宇（即望帝）被迫让位于他的臣子，之后隐居山林，死后灵魂化为杜鹃，于是古诗中的杜鹃就成为了凄凉、哀伤的象征。化用此神话的如白居易《琵琶行》：“其间旦暮闻何物？杜鹃啼血猿哀鸣。”李白《蜀道难》：“又闻子归啼夜月，愁空山。”文天祥《金陵驿二首》：“从今别却江南路，化作啼鹃带血归。”尽管金陵城笼罩在悲凉的氛围中，但“我”也不忍离去，就让“我”的灵魂化为啼血不止、怀乡不已的杜鹃留在此地吧。李商隐《锦瑟》：“庄生晓梦迷蝴蝶，望帝春心托杜鹃。”“托杜鹃”为隐喻，抒发内心的积郁和哀怨。苏轼《浣溪沙》：“山下兰芽短浸溪，松间沙路净无泥，萧萧暮雨子规啼。”三月山下春兰芽虽短，但却极具活力，浸润于溪水中，松林间的沙路被雨水冲洗得一尘不染，暮雨萧萧，子规哀鸣，烘托了词人贬官期间的凄冷环境和悲凉心情。

象征羁旅思乡。

杜鹃的啼叫声如“不如归去”，也易触动人们的乡愁乡思。李白《闻王昌龄左迁龙标遥有此寄》：“杨花落尽子规啼。”杨花落水为浮萍，子规声如“不如归去”，这些意象自然能引起诗人身世浮萍、天涯羁旅的愁思。唐代崔涂《春夕》：“胡蝶梦中家万里，子规枝上月三更。”梦中回到万里之外的家园，醒来时子规啼叫已是月三更。听着子规啼，回味蝴蝶梦，游子的心是何等哀伤！秦观《踏莎行》：“可堪孤馆闭春寒，杜鹃声里斜阳暮。”杜鹃声声，勾起旅人愁思，斜阳沉沉，触动身世凄凉之感。贺铸《忆秦娥》：“三更月，中庭恰照梨花雪；梨花雪，不胜凄断，杜鹃啼血。”词人通过描写凄清的景物，寄托了幽深的乡思。同样闻杜鹃声而思乡的是晏几道《鹧鸪天》：“十里楼台倚翠微。百花深处杜鹃啼。”宋人黄昇《南柯子》：“粉痕销淡锦书稀。怕见山南山北子规啼。”闺中人之前寄来的书信上的泪痕已淡，锦书现已很少，到处可闻的子规啼声，让人更生离恨之情。宋代李重元《忆王孙·春词》：“萋萋芳草忆王孙。柳外楼高空断魂。杜宇声声不忍闻。”“王孙”指游子，“萋萋”形容春草茂盛。春光撩人，思妇登楼远望，希望游人奇迹般归来，但烟柳外的高楼挡住了视线，还听到杜鹃声声“不忍归去”的啼叫，让人好生伤心。

表达惜春伤春之情。

宋代王令《送春》：“子规夜半犹啼血，不信东风唤不回。”东风，指春风。诗人用拟人的手法写杜鹃鸟，塑造了一个执着的形象，借此表达自己留恋春天的情怀，字里行间充满着凄美之感，但积极意义是主要的。苏轼《西江月》：“解鞍欹枕绿杨桥，杜宇一声春晓。”词人用马鞍作枕，倚靠着它斜卧在绿杨桥上小憩。杜鹃啼叫时，春天的黎明又是另一番景色了。一幅清新空灵的春晨图景，也表达了苏轼在贬官期间的阔大胸襟。

郭沫若说，杜鹃在人们的心目中是爱的象征。这种爱，有薄命佳人对远人的思念，有忧国志士对国家命运的担忧，有羁旅游子的乡思。“我们一提起杜鹃，心头眼底便好像有说不尽的诗意。”虽然它灰黑颜色，并不美丽，而且让莺替它哺育雏鸟，长大后却将莺踢出巢外，专横凶残。但是它就是它自己，并未要求人们什么。不过，古代文人还是赋予其很多情感。诵读着望帝、文天祥的悲戚命运，崔涂、贺铸的凄凉乡愁，黄昇、李重元笔下的相思苦楚，杜鹃在我们的文章中会是怎样的形象？又寄托着怎样的情感呢？

鹧鸪：愁绝行人天易暮

象征乡思离愁，羁旅行役。

鹧鸪的鸣叫声极容易勾起人们对于旅途艰险的联想和满腔的离愁别绪。

唐朝张籍《湘江曲》：“送人发，送人归，白苹茫茫鹧鸪飞。”唐朝李群玉《九子坡闻鹧鸪》：“落照苍茫秋草明，鹧鸪啼处远人行。”元代阿鲁威《蟾宫曲·旅况》：“理征衣鞍马匆匆，又在关山，鹧鸪声中。”作者欲远征边塞，行走在关山边塞、鹧鸪声中，抒发怀古伤别的离情。清代尤侗《闻鹧鸪》：“鹧鸪声里夕阳西，陌上征人首尽低。”路途乏累，却又听到阵阵鹧鸪声，心中更觉旅途悲苦和无可奈何的乡思。元代诗人耶律楚材《庚辰西域清明》：“遥想故园今好在，梨花深院鹧鸪声。”纳兰性德《菊花新·用韵送张见阳令江华》：“愁绝行人天易暮，行向鹧鸪声里住。”张见阳即将去江华赴任，诗人写词相送。天色将晚，朋友要去那南方鹧鸪之地，分别使人愁。“鹧鸪声里”，指张见阳赴任之地，在西南方，有惜别之意。

象征悲情。因其声凄切，常寓艰难之处境，惆怅之心情。

李白的《越中览古》："宫女如花满春殿，只今惟有鹧鸪飞。"过去繁盛的景象，如今只剩下几只鹧鸪在故址上飞来飞去。如此对照，不禁心生悲凉之意。由此诗而出的有中唐窦巩的《南游感兴》："伤心欲问前朝事，唯见江流去不回。日暮东风青草绿，鹧鸪飞上越王台。"而化用窦巩的诗意的有元代倪瓒《人月圆》："伤心莫问前朝事，重上越王台。鹧鸪啼处，东风草绿，残照花开。"不要再问"我"前朝那些伤心的往事了，"我"重新登上越王台，鹧鸪声声哀婉啼叫，东风吹草绿，残阳照花开。表达了作者对故国山河的片片深情。辛弃疾《菩萨蛮·书江西造口壁》："江晚正愁余，山深闻鹧鸪。""我"正在夜晚的江边思虑国事，突然从深山中传来鹧鸪的啼叫声。词人以鹧鸪自比，表明自己从沦陷区投奔南宋，抒发为国献身的崇高志向。另一首《贺新郎》："绿树听鹈鴂。更那堪、鹧鸪声住，杜鹃声切。"听着绿树荫里鹈鴂叫得凄恶，鹧鸪鸟"行不得也，哥哥"凄切的啼叫刚住，杜鹃又发出"不如归去"的哀婉号呼。三种悲鸣起兴，营造出悲感气氛。

鹧鸪并栖，象征爱情。

李益《鹧鸪词》："湘江斑竹枝，锦翅鹧鸪飞。处处湘云和，郎从何处归？"叙述一位女子对远方情郎的思念。五代时期李珣的《菩萨蛮》："残日照平芜，双双飞鹧鸪。"双飞鹧鸪更显思妇的形单影只，加深了对远行之人的思念。温庭筠《菩萨蛮》："新帖绣罗襦，双双金鹧鸪。"看到衣装上一对鹧鸪，不禁令人感慨。苏轼《浣溪沙》："沙上不闻鸿雁信，竹间时听鹧鸪啼。"鸿雁、鹧鸪的意象，均引起词人对故旧的思念。

唐代诗人郑谷因一篇形神俱佳的《鹧鸪》诗作，被称为"郑鹧鸪"。"暖戏烟芜锦翼齐，品流应得近山鸡。雨昏青草湖边过，花落黄陵庙里啼。游子乍闻征袖湿，佳人才唱翠眉低。相呼相应湘江阔，苦竹丛深日向西。"在诗人笔下，鹧鸪的啼鸣成了高楼少妇的相思曲、天涯游子的断肠歌。

仿佛是一场潇潇春雨，把山野的鹧鸪唤醒了。属于江南烟雨的鹧鸪，因其啼叫声奇异独特，千百年来，不知叩响了多少颗多愁善感的诗心。看，张籍笔下的鹧鸪在白茫茫的浮萍上飞翔，阿鲁威在塞外的鹧鸪声中与家人分别；听，尤侗斜阳西照的鹧鸪声，耶律楚材梨花深院里的鹧鸪声。同读李珣、温庭筠笔下的双双鹧鸪飞，同思李白、窦巩、倪瓒笔下的“鹧鸪飞上越王台”……这些诗情为我们的文章注入了崭新的生命和活力。让我们在草长莺飞的季节，在文字中与鹧鸪声不期而遇。

乌鸦：月皎惊乌栖不定

古代乌与鸦所指非一种鸟，据说乌（即寒鸦）能反哺其母，故称慈乌。而鸦（或名鸦乌）则贪婪。

象征衰败、荒凉。

因为乌鸦经常出没在坟头等荒凉之处，所以在中国古典诗词中常与衰败荒凉的事物联系在一起。

李商隐《隋宫》：“于今腐草无萤火，终古垂杨有暮鸦。”此诗作写隋炀帝的肆意淫游、昏顽抗谏。关于萤火，曾有一段故事。隋炀帝曾在洛阳景华宫征求萤火虫，夜游山时放之，还修建“放萤院”。传说萤乃腐草所化。暮鸦，黄昏中集于树梢的乌鸦。诗人在一有一无的对比感慨今昔，讽刺与感喟齐生。唐代薛逢《长安夜雨》：“压树早鸦飞不散，到窗寒鼓湿无声。”树上集聚的早鸦，沉闷的鼓声，显示出一片凄冷萧条的景色，表达了诗人落寞愁闷的心情。李白《乌栖曲》：“姑苏台上乌栖时，吴王宫里醉西施”，“乌栖时”不仅点出时间，同时将吴宫置于黄昏乌鸦的背景，也象征吴国已出现的没落趋势。辛弃疾《永遇乐·京口北固亭怀古》：“可堪回首，佛狸祠下，一片神鸦社鼓。”词人站在北固亭上，仿佛看到山上乌鸦乱飞，人们正在佛狸祠下迎神赛会。佛狸本是外族入侵者，人们竟在他的祠庙前祭祀，锣鼓喧天。说明南宋统治集团苟且偷安的妥协政策，已造成百姓心里民族意识模糊的后果，想来甚是凄凉。宋代吴潜《鹊桥仙》：“暮鸦木末，落凫天际，都是一团秋意。”暮色寒鸦表明惆怅意味，“一团”，意忧思难解。元代关汉卿《大德歌·冬景》：“密洒堪图画，看疏林噪晚鸦。”雪花稠密地飘洒下来，值得描画，在这白茫茫的雪景上，稀疏的树林，叶落树疏，黑色乌鸦的聒噪，让人顿生荒凉之感。

象征离愁别绪。

唐代严维《丹阳送韦参军》：“日晚江南望江北，寒鸦飞尽水悠悠。”天色向晚，友人已去，鸟儿飞尽，只剩下悠悠江水，像思念一般绵延。秦观《满庭芳》：“斜阳外，寒鸦数点，流水绕孤村。”寓景于情，表达离愁别绪。此句出自杨广诗句：“寒鸦千万点，流水绕孤村。”周邦彦《蝶恋花·秋思》：“月皎惊乌栖不定。”皎洁的月光使乌鸦四处惊飞，栖息不定。词人以乌鸦不安起兴，喻人之将别。姜夔《琵琶仙》：“千万缕、藏鸦细柳。”“藏鸦”意象，暗用李白《杨叛儿》“乌啼隐杨花，君醉留妾家”之意，隐喻黄昏时男女幽会欢爱，传达出昔日欢爱已不得，唯见杨花柳絮漫天舞的惆怅与伤感。元代马致远《天净沙·秋思》：“枯藤老树昏鸦。”枯萎的藤条，缠着衰老的树木，上面栖息着黄昏归巢的乌鸦。作者言外之意是：树木虽然光秃衰败，乌鸦且有一个巢，而“我”这个游子，秋天黄昏连个去处都没有，天涯游子的惆怅清晰可见。元代魏初《鹧鸪天》：“山接水，水明霞，满林残照见归鸦。”词人运用反衬手法，点明乌鸦归巢而人未归的愁绪与无奈。

另外，慈乌是一种孝鸟，能反哺。

孟郊《远游》：“慈乌不远飞，孝子念先归。”白居易《慈乌夜啼》：“慈乌失其母，哑哑吐哀音。昼夜不飞去，经年守故林……慈乌复慈乌，鸟中之曾参。”曾参，是孔子弟子中以孝心孝行著称的门生。

乌鸦颜色大多是黑、灰色。而且，当深秋大山里落满积雪，昆虫、草籽相继消失后，乌鸦失去了食物来源，人类丢弃的剩饭、菜叶、不屑食用的果实成了乌鸦过冬的粮食。因此，坟地是乌鸦多去的地方。所以自古乌鸦就被穿上了一层悲凉、惨败的外衣。当我们要在文章中表达衰败、离愁时，乌鸦是不可缺少的元素。诗人常用集于树梢的暮鸦、昏鸦，社鼓神鸦，还有飞跃于江上的寒鸦，让衰景哀情更浓重。

鸿雁：万千心事难寄

鸿雁是大型候鸟，每年秋季南迁，常常引起游子思乡怀亲和羁旅伤感之情。

赵嘏《长安秋望》：“残星数点雁横塞，长笛一声人倚楼。”表现诗人羁旅思归的心情。另一首表达“雁归人未归”之感的《寒塘》：“乡心正无限，一雁度南楼。”韦应物《闻雁》也有此意境：“故园渺何处？归思方悠哉。淮南秋雨夜，高斋闻雁来。”宋代陈允平的《塞垣春》“渐一声雁过南楼也，更细雨，时飘洒”也是由其化出。杜甫《月夜忆舍弟》：“戍鼓断人行，边秋一雁声。”孤雁的叫声不但使环境更加荒凉，还使人的心情更加凄苦，渲染一种浓重悲凉的气氛，直启下文怀亲之思。另一首《孤雁》：“孤雁不饮啄，飞鸣声念群。”一只失群的孤雁不吃不喝，只顾飞翔，拼命寻找同伴。诗中寄寓了诗人自己的影子。辛弃疾《水龙吟·登建康赏心亭》：“落日楼头，断鸿声里，江南游子。”日落夕暮，孤雁声里，江南游子站在赏心亭里。词人用离群孤雁喻自己的身世飘零。鸿雁群栖群飞时是不鸣叫的，鸿雁鸣叫意味着失群。欧阳修《戏答元珍》：“夜闻归雁生乡思，病入新年感物华。”因乡思而病，新旧交替，光阴流逝，反映出诗人身在异乡的客子之悲。张可久《殿前欢》：“南来北往随征雁，行路艰难。”比喻自己如同因季节而迁徙的大雁一样漂泊无依，辗转流离。宋末元初词人蒋捷《虞美人·听雨》：“壮年听雨客舟中，江阔云低，断雁叫西风。”词人用“江阔”“云低”“断雁”“西风”四个意象组成一幅江上秋雨图，抒发自己常常四方漂泊、流落江湖的悲凉心境。

用鸿雁来指代书信、消息。

典故出自《汉书·苏轼传》，匈奴单于欺骗汉使，称苏武已死，而汉使者故意说天子打猎时射下一只北方飞来的鸿雁，脚上拴着帛书，是苏武写的。单于只好放了苏武。后来就用“鸿雁”“雁书”“雁足”“鱼雁”等指书信、音讯。

杜甫《天末怀李白》：“鸿雁几时到？江湖秋水多。”杜甫写这首诗的时候，正好李白遭遇流放，生死不明。江湖险恶，不知李白的消息何时能到，足见杜甫对李白的关切之情。再如李商隐《离思》：“朔雁传书绝，湘篁染泪多。”唐代张若虚《春江花月夜》中有“鸿雁长飞光不度，鱼龙潜跃水成文”，尽传音信阻绝的苦恼。唐代王湾《次北固山下》：“乡书何处达？归雁洛阳边。”诗人欲让北归的大雁捎去对洛阳家人的思念。宋人戴复古《贺新郎·寄丰真州》：“木落山空天远大，送飞鸿、北去伤怀久。”在万木凋零的山间，在寥廓悠远的天际，一队鸿雁向北飞去，请它们捎去“我”对北方人民的眷念之情。晏殊《清平乐》：“红笺小字，说尽平生意。鸿雁在云鱼在水，惆怅此情难寄。”本词也运用了“雁足传书”的典故。李清照《一剪梅》：“云中谁寄锦书来？雁字回时，月满西楼。”另一首词《蝶恋花》：“好把音书凭过雁，东莱不似蓬莱远。”《声声慢》：“雁过也，正伤心，却是旧时相识。”《念奴娇》：“征鸿过尽，万千心事难寄。”大雁在这里均指传书的信使。

辽阔的天空上，即将南飞的大雁，已排成一行行，它们已是秋天不可缺少的一道风景线。在它们身上，寄托了人们无数的深情和忧伤，想要传递给不可抵达的远方。那是思妇对行人的牵念，游子对故乡的怀念，朋友对朋友的关切……把一份份感情付诸纸上，便是对鸿雁信使的答谢，便是对两份深情的最好诠释。再听听那首蒙古民歌《鸿雁》吧：“鸿雁，天空上，对对排成行。江水长，秋草黄，草原上琴声忧伤。鸿雁，向南方，飞过芦苇荡。天苍茫，雁何往？心中是北方家乡。鸿雁，北归还，带上我的思念。歌声远，琴声颤，草原上春意暖。鸿雁，向苍天，天空有多遥远。酒喝干，再斟满，今夜不醉不还。”

海鸥：相亲相近水中鸥

古诗中写海鸥，多是写人的生活与水鸟相亲，用以表达诗人欲与大自然和谐相处、淡泊宁静的内心世界。

杜甫《客至》："舍南舍北皆春水，但见群鸥日日来。"环境清幽，心情闲静，表达了诗人对于客人将至的欢喜。诗人表达同一个意境的诗作还有《江村》："自去自来梁上燕，相亲相近水中鸥。"李白《江上吟》："仙人有待乘黄鹤，海客无心随白鸥。"诗作犹如一幅江上行乐图，充分表达了李白肯定物质享乐反对苦行的人生观。"海客"，诗人自指。王维《积雨辋川庄作》："野老与人争席罢，海鸥何事更相疑？""野老"是诗人自指。王维抒写自己淡泊自然的心境，无任何可使海鸥相疑的地方。《列子·黄帝篇》载：海上有一个人与鸥鸟相亲近，互不猜疑。一天，父亲要他把海鸥捉回家来，他又到海滨时，海鸥便飞得远远的，心术不正破坏了他和海鸥的亲密关系。运用这个典故的词作有辛弃疾《水调歌头·盟鸥》："凡我同盟鸥鹭，今日既盟之后，来往莫相猜。"姜夔《庆宫春》："呼我盟鸥，翩翩欲下，背人还过木末。"借鸥表达闲适心情的还有陆游的《秋思》："江湖浪迹一沙鸥。"李清照《如梦令》："争渡，争渡，惊起一滩鸥鹭。"眠宿在沙滩上的鸥鹭被抢渡的击桨声、游人的欢笑声所惊骇，扑棱着翅膀飞走了，这是多么美妙的景象！词作以鸥鹭表现了主人公潇洒天真的性格。宋代高观国《祝英台近·荷花》："遥想芳脸轻颦，凌波微步，镇输与、沙边鸥鹭。"遥想伊人优雅的仪态和轻盈的步履，犹如摇曳的荷花。这种清幽的境界，只好让沙滩上的鸥鹭去体会了。

诗人欲寻求归隐，所以与海鸥订立盟约，同住水乡。每日晨伴昏随，倒也相亲相近，两心无猜。但凡心有疑虑，便会"惊起一滩鸥鹭"。在诗人的心目中，海鸥似乎成了一种象征，一座标杆，检验人的心胸是否坦荡，是否真诚，是否善良。在写文章时也一样，如果我们倾注情感于文字，即使语句不优美，依然能打动读者；如果语言华丽却内容空洞，读起来也是索然无味，就会“吓跑”像鸥鹭一样的读者。

鸳鸯：相逢知几时

恩爱夫妻的象征。

《诗经·小雅·鸳鸯》：“鸳鸯于飞，毕之罗之。”两句以比兴开端。鸳鸯一雄一雌，双宿双飞，感情甚笃。唐人卢照邻《长安古意》：“得成比目何辞死，愿作鸳鸯不羡仙。”“比目”“鸳鸯”都是成双成对的事物，以此比喻男女的爱恋。比目，鱼名。冯延巳《谒金门》：“闲引鸳鸯香径里，手挼红杏蕊。”为了消遣时光，女主人公走在芳香的小径里，手抚红杏花蕊，嬉逗鸳鸯。看着成双成对的鸳鸯，不免勾起对心上人的思念。欧阳修《长相思》：“两岸鸳鸯两处飞。相逢知几时。”两岸的鸳鸯两边飞，何时才能相逢呢？词人在深情怀念未归的爱人。李白《古意》：“中巢双翡翠，上宿紫鸳鸯。”贺铸《半死桐》：“梧桐半死清霜后，头白鸳鸯失伴飞。”词人在悼念亡妻，写自己与妻子昔日鸳鸯双宿双栖，如今孑然一身，寂寞孤独溢于言表。韦庄《菩萨蛮》：“桃花春水渌，水上鸳鸯浴。凝恨对残晖，忆君君不知。”春水绿桃花红，水上鸳鸯双对浴，春之胜景令词人陶醉。突然笔锋一转，由景生情，思念远方伊人的愁绪涌上心头。

美好春光的象征。

杜甫《绝句》：“泥融飞燕子，沙暖睡鸳鸯。”春天，燕子飞来飞去忙着衔泥做巢，鸳鸯交颈而眠于暖和的沙砾上，一派生机盎然的春景。与此相同意境的有元代贯云石的《正宫·小梁州·春》："桃红柳绿映池塘。堪游赏，沙暖睡鸳鸯。"

志同道合的兄弟的象征。

曹植《释思赋》："况同生之义绝，重背亲而为疏。乐鸳鸯之同池，羡比翼之共林。"嵇康《赠兄秀才入军》诗："鸳鸯于飞，肃肃其羽。朝游高原，夕宿兰渚。邕邕和鸣，顾眄俦侣。"

鸳鸯，成双成对，即使失伴，也会独自终老，所以它成为文人笔下恩爱伉俪的最佳代名词。卢照邻笔下那长安人"只做鸳鸯不羡仙"的热恋誓言，贺铸笔下"白头鸳鸯独自飞"的凄凉，将鸳鸯情意的悲喜全面演绎，也让"白首不相离"的美好、坚贞永远流传。这些，都可成为我们写作文时的素材，为文章立意、炼魂。

青鸟：更报长相思

比喻信使。

传说西王母有三只青鸟，一只选遣为信使，前来给汉武帝报信，另外两只随西王母而来，并服侍在王母身旁。

李商隐《无题》："蓬山此去无多路，青鸟殷勤为探看。""青鸟"在此已成为传书的信使。"蓬山"是传说中的海上仙山，这里指诗人心上人的居处。诗人希望有像青鸟一样殷勤的使者能为自己传递消息，能及时得知对方的境况。唐代崔国辅《七夕》："遥思汉武帝，青鸟几时过。"李白《相逢行》："愿因三青鸟，更报长相思。"另一首《有所思》："西来青鸟东飞去，愿寄一书谢麻姑。"从西王母那里飞来的神鸟要到东海去，希望能为"我"带一封书信问候麻姑。中唐诗人鲍溶《怀尹真人》："青鸟飞难远，春云晴不闲。”孟浩然《清明日宴梅道士房》：“忽逢青鸟使，邀入赤松家。”忽然遇见传递信件的使者，原是赤松子邀“我”访问他家。杜甫《丽人行》：“杨花雪落覆白蘋，青鸟飞去衔红巾。”此诗是杜甫亲眼看到杨贵妃姊妹在曲江游春的奢华场面后所作。这两句诗写白雪似的杨花飘落覆盖了蘋草，青鸟飞去衔起地上的红丝帕。暗喻杨氏兄妹乱伦偷情。红巾，暗指定情之物。李璟《摊破浣溪沙》：“青鸟不传云外信，丁香空结雨中愁。”女主人公心中怨恨青鸟不传远人的音讯来，心情就像丁香的花蕾一般郁结于心的哀愁。宋代史达祖《贺新郎》：“青鸟沉沉音尘绝，烟锁蓬莱宫殿。”

一只长着青色羽毛的鸟儿，不只成为了仙物，还成为历代诗人笔下传书传情的信使。它像一位邮递员，不辞辛劳，飞越时空，在诗人笔尖停留，无论是友情的问候，还是情人的思念，它都不吝传递。在文章中，希望这只勤快的鸟儿，能继续为我们传递诗人们的才思，在我们的文章中留下飞跃的痕迹。

猿啼：忆君遥在潇湘月

象征愁苦，凄怆。

“猿啼”，声嗷嗷，高急之声，似哭似号，闻之令人伤心。

杜甫《秋兴八首》（其二）：“听猿实下三声泪。”此句源自巴东渔歌：“巴东三峡巫峡长，猿鸣三声泪沾裳。”诗人因思忆长安，再听得令人悲伤的猿啼声，而更生愁苦。另一首《登高》“风急天高猿啸哀，渚清沙白鸟飞回”，描绘了一幅荒凉肃杀的秋景图，猿啼惊秋，逢秋兴悲。白居易《琵琶行并序》：“其间旦暮闻何物？杜鹃啼血猿哀鸣。”孟浩然《宿桐庐江寄广陵旧游》：“山暝听猿愁，沧江急夜流。”山深水急，声声的猿叫声让人更生悲怆，愁绪万端。王昌龄《送魏二》：“忆君遥在潇湘月，愁听清猿梦里长。”因为怀念，连在梦中也听到了猿的长啸声，更见其怅惘别情是多么深重。用“长”字形容猿声甚是形象，北魏郦道元《水经注·三峡》就有对猿声的描写：“时有高猿长啸，属引凄异，空谷传响，哀转久绝。”唐代李端《送客赋得巴江夜猿》：“巴水天边路，啼猿伤客情。”

猿啼山涧，象征隐居。

吴均《与朱元思书》：“蝉则千转不穷，猿则百叫无绝。”蝉鸣猿啼的自然之声，可以让人在幽美的景色中看轻功名利禄，隐含诗人崇尚大自然和对归隐生活的向往。谢灵运《登石门最高顶》：“活活夕流驶，嗷嗷夜猿啼。”山涧流水急驰，夜猿声声哀啼，诗人描写山水景色，隐含栖息之情。

猿的形象给人以快乐之感的，只有李白。李白《早发白帝城》：“两岸猿声啼不住，轻舟已过万重山。”李白流放夜郎半途遇赦，从白帝城返回江陵。诗歌以轻舟瞬息千里的速度衬托出诗人轻松愉快的心情。

当我们双脚踏入山野时，偶听得猿啼，不再是杜甫听猿声而泣的愁苦心境，而是回归大自然怀抱的惊喜和惬意。这时，响彻耳际的是一千多年前为李白遇赦而庆贺的阵阵猿声，而这猿啸就像在庆贺我们从城市的钢筋水泥中“赦放”一样，嗷嗷啼叫，百叫无绝。它们好像在热情地招呼我们游览它们的家园，教会我们用一颗归隐山林的心去看待生命和成长。

蟋蟀：凄凄更闻私语

蟋蟀，俗名“蛐蛐儿”，在古典诗词中还有寒蛩、蜻蛚、促织、阴虫之类的别名。

蟋蟀在堂，象征时序变迁，时光流逝。

《诗经·豳风·七月》："七月在野，八月在宇，九月在户，十月蟋蟀入我床下。"蟋蟀七月在野外，八月徘徊在屋檐下，九月进入宅内，十月钻入床底取暖。这首诗对蟋蟀的活动规律观察得相当细致，表示季节更替，暑往寒来。而运用这个典故表示物换星移、时序转变的有"明月皎夜光，促织鸣东壁"。又如《诗经·唐风·蟋蟀》："蟋蟀在堂，岁聿其莫""蟋蟀在堂，岁聿其逝"。蟋蟀在厅堂，一年快要完；蟋蟀在厅堂，今年已不长。还有《古诗十九首·东城高且长》："四时更变化，岁暮一何速！晨风怀苦心，蟋蟀伤局促。"

哀音似诉，象征君国之思。

《楚辞·九辩》中有"独申旦而不寐兮，哀蟋蟀之宵征""澹容与而独倚兮，蟋蟀鸣此西堂"。诗人孤独难寐，听那蟋蟀彻夜哀鸣；心中百无聊赖独倚栏杆，愁听蟋蟀声声鸣叫西堂。宋玉被贬在外，孤凄无依，借此抒发对君国的怀念和不幸身世的感叹。南宋小朝廷苟且偷安，没有收复失地的打算。这时，姜夔客居杭州，在秋月下会饮，偶听得蟋蟀"凄凄私语"，勾起家国之愁："庾郎先自吟愁赋，凄凄更闻私语。露湿铜铺，苔侵石井，都是曾听伊处。哀音似诉。正思妇无眠，起寻机杼。曲曲屏山，夜凉独自甚情绪？　　西窗又吹暗雨，为谁频断续，相和砧杵？候馆迎秋，离宫吊月，别有伤心无数。豳诗漫与。笑篱落呼灯，世间儿女。写入琴丝，一声声更苦。"作品从听蟋蟀人之愁到蟋蟀声之愁，从室内蟋蟀声到室外蟋蟀声，空间加大，愁绪加深，从思妇之愁到忧国之愁。最后写小孩儿手提灯笼捉蟋蟀，以乐景衬哀情。

蟋蟀鸣户庭，勾起离情愁绪。

魏晋张协的《杂诗》："蜻蛚吟阶下，飞蛾拂明烛。君子从远役，佳人守茕独。"含蓄地表现了缅怀远人的"佳人"闻蟋蟀声后的惆怅。杜甫《促织》："促织甚微细，哀音何动人。"杜甫宦游在外，听蟋蟀和鸣，思念妻子。唐代皇甫冉《送魏十六还苏州》："秋夜沉沉此送君，阴虫切切不堪闻。"秋夜沉沉听着蟋蟀的鸣叫声，想着明天朋友就要远行，心里不禁忧愁。贺铸《愁风月》："心将熏麝焦，吟伴寒虫切。"心就像熏炉中的香料一样燃焦了，自己的低声吟咏如蟋蟀的鸣叫一样凄楚。李清照《行香子》："草际鸣蛩，惊落梧桐，正人间天上愁浓。"词人用蟋蟀鸣叫和梧桐叶落这两种秋天特有的景色，渲染离人眼中的凄冷氛围。叶绍翁《夜书所见》："萧萧梧叶送寒声，江上秋风动客情。知有儿童挑促织，夜深篱落一灯明。"客居他乡，深夜难眠，看见儿童在篱笆灯火下夜捉蟋蟀，不禁想起自己的童年时光，表达了游子的怀乡之思。明末清初宋琬《蝶恋花·旅月怀人》："蟋蟀灯前欺病客，清影徘徊，欲睡何由得？"夜灯下蟋蟀鸣叫让人难以入睡，客居他乡，思念友人，亦思念故乡。

在中华民族传统中，很少有昆虫像蟋蟀那样与人的关系如此紧密。在厅堂，在窗外，在草际，蟋蟀经久不息的"歌声"，从遥远的古代一直唱到今天。它吟唱着离愁与乡情，吟唱着痛苦的相思和甜蜜的忧伤。听着听着，我们仿佛也变成了一只蟋蟀，一只住在城市阁楼里的蟋蟀，正在用文字书写内心的渴望与梦想。

蜘蛛：喜子垂窗报捷书

古时七月七日，女子都忙着在穿针引线，默默地乞求织女能给自己智慧和灵巧。蜘蛛则被当作应巧之物。于当日捉蜘蛛于盒内，以蛛丝结网的疏密来比喻得巧多久。

李商隐《辛未七夕》："清漏渐移相望久，微云未接过来迟。岂能无意酬乌鹊，惟与蜘蛛乞巧丝。"这首诗是写七夕牛郎织女碧河相会。最后诗人写到民间风俗，问："既然奉上酬谢，让蜘蛛代为乞巧，可又如何答谢那搭建鹊桥的乌鹊呢？"同样写七夕蛛、鹊的还有宋代严蕊的《鹊桥仙》："蛛忙鹊懒，耕慵织倦，空做古今佳话。人间刚道隔年期，指天上、方才隔夜。"这是一个女子的心思：七夕临近，蜘蛛已忙着结网，喜鹊却还未开始搭桥，牛郎不耕田，织女不纺织，眼看就要错过这盼望一年的佳约。人间一年之盼，天上的牛郎织女却才是一夜的相思。女子表达自己想要寻得一份属于自己的真实而简单的爱情，却未能实现。

古人把喜蜘蛛称作“喜子”，也叫“喜虫”，视之为吉兆。

欧阳修《玉楼春》：“阑干倚遍重来凭。泪粉偷将红袖印。蜘蛛喜鹊误人多，似此无凭安足信。”这是一首闺思之作。女子几遍倚栏杆，眼泪无数，竟把脂粉沾染到拭泪的衣袖上，可远人还是没有归来。只怨那报喜的喜蛛和喜鹊，这么不讲信用怎么能相信呢？刻画了相思深切的女子嗔怪的情态。苏轼《南乡子》：“粉泪怨离居，喜子垂窗报捷书。”辛弃疾《摸鱼儿》：“怨春不语。算只有殷勤，画檐蛛网，尽日惹飞絮。”春天即将过去，它才不理会词人的挽留之情呢。如今只能看到画檐下的蜘蛛网，整天招惹一些杨花柳絮罢了。不过，这也算是另一种挽留，另一种深情吧。此蜘蛛网有多情之意，暂且也归到“喜”这一类。

蛛网网罗，象征世路艰难。

说到蜘蛛的这一比喻，孟郊曾写《蜘蛛讽》“蚕丝为衣裳，汝丝为网罗……百虫虽切恨，其将奈尔何”，来将蚕与蜘蛛对比，说明蜘蛛的“讹”。

宋代陈师道《春怀示邻里》：“风翻蛛网开三面，雷动蜂窠趁两衙。”诗人看到风吹动屋角的蜘蛛网，使得其网开三面，但昆虫仍能有个避开的去处。打雷震动蜂巢，蜜蜂仍像衙门里排成两列的衙役一样，有秩序地簇拥在一起。诗人指出人在尘网，虽网开四面，但仍祸事连连，无法避开。抒发世路崎岖之感。见蜘蛛结网而有所叹的还有吴文英的《虞美人·秋感》：“井梧不放西风起，供与离人睡。梦和新月未圆时，起看檐蛛结网、又寻思。”井边的梧桐叶在秋风的吹拂下，簌簌作响，令思乡的人难以入眠。即使在梦里，也梦到我们俩就像弯弯新月，还未到月圆人圆的日子。既然睡不着，就踱步屋外，无意间看到墙角的蜘蛛在忙着结网，“我”不正像它一样吗？为了生计，四处奔波。

读着诗人关于蜘蛛的即景生情，脑海中忽然蹦出两种画面。晴天时的蜘蛛，是多情的蜘蛛，不但帮辛弃疾挽留春光，还能给陷入情思的女子一点安慰，给急于乞巧待字闺中的姑娘带来好运；雨天的蜘蛛，是无情的蜘蛛，不但让处于穷途的陈师道有结于尘网无法自拔的喟叹，还勾起吴文英身在异乡尘土满面的伤感。蜘蛛吐丝，缠住了忧人，也架起了思念的桥。

黄莺：春风送客使人悲

黄莺又名黄鸟、黄鹂、仓庚等。

抒发颂春、伤春、惜春之情。黄鸟是春天的信灵，它是文人讴歌春天、寄寓美好心情的物象。

杜甫《绝句》：“两个黄鹂鸣翠柳，一行白鹭上青天。”《江畔独步寻花七绝句》（其六）：“留连戏蝶时时舞，自在娇莺恰恰啼。”杜牧《江南春》：“千里莺啼绿映红，水村山郭酒旗风。”白居易《钱塘湖春行》：“几处早莺争暖树，谁家新燕啄春泥。”黄庭坚《清平乐》：“春无踪迹谁知？除非问取黄鹂。百啭无人能解，因风飞过蔷薇。”谁会知道春天的踪迹呢？除非去问黄鹂。因为黄鹂是春夏之际最活跃的鸟。黄鹂操着百啭的语音，告诉人们春天的踪迹，可是无人能解其中意，鸟儿只好乘着春风越过蔷薇飞走了。表达了诗人的惜春、寻春之意。

黄鸟鸣啭，象征游子乡思。

唐代高适《东平别前卫县李寀少府》：“黄鸟翩翩杨柳垂，春风送客使人悲。”这一句也是以乐景衬哀情。友人分别，诗人却写了明丽的春景：翩翩黄鸟，杨柳低垂，春风和煦。诗人客中送别好友李寀，看着这明媚的春景，却无法与好友一起欣赏，顿觉悲愁。李白《江南怀春》：“青春几何时，黄鸟鸣不歇。天涯失乡路，江外老华发。”唐代杜审言《和晋陵陆丞早春游望》：“淑气催黄鸟，晴光转绿蘋。”温暖的春光催促着黄莺鸣啭，晴朗的阳光下蘋草颜色开始变深。这是诗人宦游所见江南二月春景，蓦然想到，江南二月仲春之象，如同故乡中原三月暮春之景，引起诗人的思乡之情。柳宗元《柳州二月榕叶落尽偶题》：“山城过雨百花尽，榕叶满庭莺乱啼。”时值江南二月，正是春意浓的时候，可一场暴雨使得百花凋谢，榕叶满庭，身在异乡的诗人本欲借景抒怀，可一派萧条春景，再加上一阵阵黄莺的啼叫声，使得诗人心烦意乱，乡愁更重。

黄鸟啼枝，象征思妇闺怨。

皇甫冉《春思》：“莺啼燕语报新年，马邑龙堆路几千。”莺啼燕语，新年又到，几千里外的马邑龙堆，何日能结束战事。闺妇抒写春怨，希望远在边疆的丈夫能早日归来。唐代金昌绪的《春怨》：“打起黄莺儿，莫教树上啼。啼时惊妾梦，不得到辽西。”黄莺儿在树上鸣啭，女主人公欲撵走它，因为黄莺儿惊扰了她的美梦。是什么样的美梦令她连春天的使者都要撵走呢？原来是去辽西的梦。也许是其夫君在辽西服役，去久未归，所以思念使然，让女主人公做出了这一令人匪夷所思的举动。诗句运用倒叙手法，将答案层层拨开，形式很是新颖。由以上题材应运而生的词作比比皆是，温庭筠《河传》：“荡子天涯归棹远。春已晚。莺语空肠断。”苏轼《水龙吟·次韵章质夫杨花词》：“梦随风万里，寻郎去处，又还被、莺呼起。”朱淑真《谒金门·春半》：“好是风和日暖。输与莺莺燕燕。满院落花帘不卷。断肠芳草远。”风和日丽的大好春光，自己却形单影只，还不如双双对对的莺燕呢。不忍看满院落花，所以连布帘都不愿卷起，免得看了伤心，芳草漫及天涯，思念也远至海角。

现代作家、“荷花淀派”的创始人孙犁曾写过一篇叫作《黄鹂》的文章，他说，黄鹂的啼叫是要伴随着春雨、宿露的，黄鹂的飞翔是要伴着朝霞和彩虹的，茂林修竹、桑田苇泊、密柳长堤才是黄鹂的归宿。反观历代诗人对黄鹂的吟咏，莫不是“暮春三月，江南草长，杂花生树，群莺乱飞”（南朝梁丘迟《与陈伯之书》）。所以，当我们知晓了黄鹂居住的家，在写文章时，才能让春日的一声声莺啼在思念与惜别的情感中唱得越来越动听。

飞鸟：云无心以出岫

比喻人生理想的实现。

陶渊明抱着暂仕即归的打算登上驶向仕途的小舟，可途中还是后悔连连，觉得自己面对飞鸟和游鱼都十分有愧，不像它们那样能随心适意："望云惭高鸟，临水愧游鱼。"（《始作镇军参军经曲阿诗》）终于辞官回乡后，则是鸟儿也有所寄托，自己也能享受耕读之乐："众鸟欣有托，吾亦爱吾庐。既耕亦已种，时还读我书。"（《读山海经》其一）

象征乡愁、羁旅、漂泊。

魏晋王粲《七哀诗》（其二）："狐狸驰赴穴，飞鸟翔故林。"诗人用狐狸归穴鸟回巢的现象抒发自己因家乡动乱而欲归不得的心情。曹植《情诗》："游鱼潜绿水，翔鸟薄天飞。眇眇客行士，徭役不得归。"鱼儿在清澈的水里游来游去，禽鸟在广阔的天空自由翱翔，这样自由自在、无拘无束的生活是天涯游子所不能得的。李白《菩萨蛮》："玉阶空伫立，宿鸟归飞急。"伫立远望，看见鸟儿飞急归巢，喻在外漂泊之人的思乡之情。刘长卿《饯别王十一南游》："飞鸟没何处，青山空向人。"朋友已经乘船远走，消失在天际尽头，只留下如黛青山，空空面对行人。"飞鸟"隐喻友人的南游。

象征田园之乐。

飞鸟意象在陶渊明诗作中出现居多。如在《饮酒》（其五）、《归去来兮辞·并序》中均有提到："山气日夕佳，飞鸟相与还"；"云无心以出岫，鸟倦飞而知还"。

人之不得，必系之与物。人没有翅膀，不能飞上高空，但人有想象的翅膀，于是飞翔的鸟儿便成了诗人们的精神寄托。体悟诗人的情怀，描绘思乡的心情，“飞鸟翔故林”的诗句会诠释游子的揪心思虑。仰望天空的飞鸟，描绘对自由的向往；“鸟倦飞而知还”的诗句会让疲倦的心得到暂时的安慰；“飞鸟相与还”的陪伴能让人感知田园的美好。如果有一颗飞鸟般的心，我们也会拥有属于自己的天空。

双鲤：为遣相思梦入秦

古时人们多以鲤鱼形状的函套藏书信，因此诗文中常以鲤鱼代指书信。

双鲤典故最早出自汉乐府诗《饮马长城窟行》：“客从远方来，遗我双鲤鱼。呼儿烹鲤鱼，中有尺素书。长跪读素书，书中竟何如？上言加餐食，下言长相忆。”这是一首闺妇思夫的诗。丈夫从远方捎回书信来，妻子怀着急切和恭敬的心情读信，除却注意饮食、保重身体和相互思念外，并没有说明归期。

后来以此化出的诗词有不少。李商隐《寄令狐郎中》：“嵩云秦树久离居，双鲤迢迢一纸书。”这是诗人闲居洛阳时回寄给在长安的旧友令狐绹的一首诗。嵩云，指自己所在的洛阳景色；秦树，指友人所在的长安景色。两人分离得太久了，忽然收到令狐郎中的问候，亲切感顿生，也越发思念在长安的友人。韩愈《寄卢仝》：“先生有意许降临，更遣长须致双鲤。”唐代韦皋《忆玉箫》：“黄雀衔来已数春，别时留解赠佳人。长江不见鱼书至，为遣相思梦入秦。”刘禹锡《洛中送崔司业使君扶侍赴唐州》：“洛苑鱼书至，江村雁户归。相思望淮水，双鲤不应稀。”宋代赵令畤《蝶恋花》：“蝶去莺飞无处问。隔水高楼，望断双鱼信。”落红季节，因离人音讯全无，不用说询问别人了，连蝴蝶和黄莺也飞走了，真是无处可问。

只能倚着高楼，盼着书信来。

抬头望天空的雁，低头看池塘中的鲤，它们不仅是思人倾诉的对象，还是给思人和远人传达情愫的信使。双鲤不停游动的身体，好像在跨越万里迢迢的阻隔；双鲤一张一闭的嘴巴，好像在诉说着种种的相思。如果我们有心思，何不将这诗词故事写成“一纸书”，也交与鲤鱼呢？

鸿鹄：奋翅起高飞

象征远大志向。

两汉《西北有高楼》：“愿为双鸿鹄，奋翅起高飞。”鸿鹄，据朱骏声《说文通训定声》说：“凡鸿鹄连文者即鹄。”鹄，就是“天鹅”，一作“鸣鹤”。此二句以双鸿鹄比喻情志相通的人，意谓愿与歌者同心，如双鹄高飞，一起追求美好的理想。西汉司马迁《陈涉世家》：“陈涉少时，尝与人佣耕，辍耕之垄上，怅恨久之，曰：‘苟富贵，无相忘。’佣者笑而应曰：‘若为佣耕，何富贵也？’陈涉太息曰：‘嗟乎，燕雀安知鸿鹄之志哉！’”陈胜年轻的时候，曾和别人一起被雇佣耕地。有一天，他停止耕作走到田边高地休息，怅然叹息了好长时间，然后对同伴们说：“以后倘若有谁富贵了，不要彼此忘记。”同伴们笑着回答他：“你给人家耕地当牛马，哪里谈得上富贵啊！”陈胜长叹一声，说：“燕雀怎么能知道鸿鹄的志向啊！”而借用这一句的诗词有：“燕雀岂知鸿鹄”（辛弃疾《破阵子》），“君负鸿鹄志，蹉跎书剑年”（孟浩然《送陈七赴西军》）。孟浩然《田园作》：“冲天羡鸿鹄，争食羞鸡鹜。”诗人三十而立，但由于未有人援引，无法出仕，只能居于田园，所以借此表达自己羡慕鸿鹄冲天的志向。

从古至今，鸿鹄凌云，受到多少人的赞颂和仰慕，“志在鸿鹄”成了不朽的目标。著名作家茅盾从小就阅读大量书籍，上中学时的一篇习作《志在鸿鹄》，受到老师钱念劬先生的赏识，写下批语：“是将来能为文者。”从写“我的理想”开始，鸿鹄之志就一直藏于我们的内心。屈原，知鸷鸟之不群；杜甫，识沙鸥之孤零；而我们，也要知晓鸿鹄的艰难，做好经历一番风霜苦的准备。同时希望历代诗人对鸿鹄精神的吟咏，可以激励我们在追求垂天鸿鹄的道路上坚定地向前走，向高飞。

莼羹鲈脍：夜深儿女灯前

莼羹鲈脍：指家乡美味。后来文人以“莼羹鲈脍”“莼鲈秋思”借指思乡之情。见《世说新语·识鉴篇》：西晋张翰在洛阳做官，“见秋风起，因思吴中莼菜羹、鲈鱼脍，曰：‘人生贵得适意尔，何能羁宦数千里以要名爵?’遂命驾便归”。

辛弃疾《木兰花慢·滁州送范倅》：“秋晚莼鲈江上，夜深儿女灯前。”这是词人想象好友范倅入朝前返家后所享的天伦之乐。祝愿你在这晚秋的江面，能将莼菜羹、鲈鱼脍品尝，回家后和儿女团聚在夜深的灯前。在挣扎九年后，辛弃疾任江西安抚使时，在上饶城北带湖之畔，修建了一所新居，作为将来退隐久居之处。他认为自己既然无力说服南宋统治者去抗金，还不如早早隐退，再说自己也不是像张翰那样因为思念家乡的美味而辞官，所以心中无愧。这首词便是《沁园春·带湖新居将成》：“意倦须还，身闲贵早，岂为莼羹鲈脍哉。”类似此意的诗词还有杜甫《洗兵马》：“东走无复忆鲈鱼，南飞觉有安巢鸟。”南宋方岳《蝶恋花》：“世路只催双鬓白。菰菜莼羹，正自令人忆。”晚清徐自华《慧僧先生解职归见》：“转瞬西风又起，忽摇动莼鲈乡思。”

常年在外的游子最想念的必是妈妈亲手做的家乡美味。从古至今，身在异乡即使吃得到家乡菜，不管味道是否正宗，那种感觉就是不对。这感觉就是游子的思乡情。张翰见秋风起，而想到故乡吴郡的菰菜、莼羹、鲈鱼脍，于是便辞官返乡。后人将思乡和莼菜鲈鱼联系在一起，确实诗意盎然。想想当下的风味小吃：云南过桥米线、陕西羊肉泡馍、天津狗不理包子、山西莜面栲栳栳、安徽腊八粥、山东煎饼，等等，哪一个美味背后没有一段或感动或幽默的故事？尝着美味，读着故事，让舌尖下的乡愁流淌于笔端，流淌在更多人的心中，流淌出更久的光阴。

鸡、犬：低徊入衣裾

鸡鸣晨催，指一天的开始。

先秦有“女曰鸡鸣，士曰昧旦”的诗句：女主人说鸡已啼叫，该起床了，男主人说天还未亮。这是女子督促丈夫起床开始一天的劳作。同样意境的还有“鸡既鸣矣，朝既盈矣”，妻子催促丈夫早起去上朝。李咸用《别友》：“寒鸡不待东方曙，唤起征人蹋月行。”温庭筠《商山早行》：“鸡声茅店月，人迹板桥霜。”残月未落，雄鸡报晓，早春覆盖板桥的寒霜上已经有了早行人的足迹，真是“莫道君行早，更有早行人”。

鸡鸣，象征年华流逝。

苏轼《浣溪沙》“休将白发唱黄鸡”，黄鸡能报晓，表示时光的流逝。语出白居易《醉歌》：“谁道使君不解歌，听唱黄鸡与白日。黄鸡催晓丑时鸣，白日催年酉前没。”

鸡犬相闻，象征田园生活。

陶渊明《桃花源记》：“阡陌交通，鸡犬相闻。”描绘了具有浓郁乡村气息的田园生活。再如《归田园居》："狗吠深巷中，鸡鸣桑树颠。"李白早期桃源作品《访戴天山道士不遇》："犬吠水声中，桃花带露浓。"唐代王驾《社日》："鹅湖山下稻粱肥，豚栅鸡栖半掩扉。"鹅湖山下，村外一片稻香粱沉之景，院里猪归圈鸡回窝，柴门半掩蔽。一个"肥"字说明庄稼丰收，柴门半掩说明太平安宁一片乡村祥和气氛。唐代王建《雨过山村》："雨里鸡鸣一两家，竹溪村路板桥斜。"微雨、鸡鸣、小溪、板桥，自然而知是村居。李白《南陵别儿童入京》："白酒新熟山中归，黄鸡啄黍秋正肥。"白酒新熟，黄鸡啄黍，一片秋日丰收的景象。梅尧臣《鲁山山行》："人家在何许？云外一声鸡。"远处一声鸡鸣，才知有人居住的地方还很远。纳兰性德《南乡子·秋暮村居》："吠犬杂鸣鸡，灯火荧荧归路迷。"刘长卿《逢雪宿芙蓉山主人》："柴门闻犬吠，风雪夜归人。"忽听得柴门那边传来狗叫声，是主人披着星光和风雪归来了。从犬吠声和夜归人可见深山人贫寒劳碌的生活。王维《山中与裴秀才迪书》："深巷寒犬，吠声如豹。"元代魏初《人月圆·为细君寿》："从今只望，儿婚女嫁，鸡犬山田。"这是作者给妻子祝寿的小令，"细君"，指妻子。这三句写出老年夫妇的愿望，只希望儿女成家立业，晚年在乡间享受生活。

象征卑贱。

杜甫《兵车行》："况复秦兵耐苦战，被驱不异犬与鸡。"犬与鸡，在这里指卑贱。《新婚别》："生女有所归，鸡狗亦得将。"将，跟随之意。就如俗话所讲，"嫁鸡随鸡，嫁狗随狗"。

借犬比喻感情甚笃，亲密无间。

杜甫《草堂》："旧犬喜我归，低徊入衣裾。"贾岛《送道者》："此行无弟子，白犬自相随。"唐钱起《送元评事归山居》："寒花催酒熟，山犬喜人归。"唐代诗人费冠卿《秋日与冷然上人寺庄观稼》："唯有中林犬，犹应望我还。"李白的"自此长江内，无因夜犬惊"（《送袁明府任长沙》），以咏狗来衬托诗人送别友人的离别之情，情真意切。姚合的"可怜白犬子，闲吠远行人"（《哭砚山孙道士》），以狗之"闲吠"来衬托诗人失去友人的悲痛之情，"倍增其悲"。

鸡鸣，比喻奋斗时刻。

元好问《江城子》："醉来长袖舞鸡鸣，短歌行，壮心惊。"舞鸡鸣，引用祖逖听到鸡叫便起床舞剑的故事，喻有志之士为报国而奋起。颜真卿

《劝学诗》:“三更灯火五更鸡，正是男儿读书时。”

看多了霓虹闪烁的繁华都市，见惯了鳞次栉比的高楼大厦，找个时间去踏足田野村社，去感受陶渊明笔下的屋舍俨然、鸡犬相闻、黄发垂髫，早上被黄鸡高亢、清脆的鸣叫声从梦乡唤醒，晚上在院门犬吠的朦胧夜色中入睡。白日与犬追逐嬉闹，傍晚从鸡窝摸得两颗焐热的鸡蛋给自己加餐。听鸡鸣晨起去劳作、读书，晚来听犬吠安然入梦。有了这样悠然美丽的古诗词，我们的笔下一定会如涓涓溪水般流淌出恬静优美的文字，我们的桃源梦也一定会在现实中绽放花朵。

连理枝、比翼鸟：妒花风雨便相摧

连理枝，指根和枝交错在一起的两棵树；比翼鸟，传说中的一种鸟，雌雄并翼飞行。

常比喻恩爱夫妻。

白居易《长恨歌》:“在天愿作比翼鸟，在地愿为连理枝。”朱淑真《落花》:“连理枝头花正开，妒花风雨便相摧。愿教青帝常为主，莫遣纷纷点翠苔。”这是朱淑真少女时代对爱情的想象：连理枝头的鲜花开得正艳，可是风雨嫉妒花的美丽，时刻都想摧残使其凋落，希望掌管春天的神做主，不要使娇艳的鲜花落在碧绿的青苔上。

象征兄弟、姐妹、朋友。

象征兄弟的，有杨万里《题萧端虚和乐堂》:“白头兄弟不多有，面如橘红不关酒。紫荆花开连理枝，孝友未要时人知。”明代张羽《送弟瑜赴京师》:“愿言保令体，慰此连理枝。”象征姐妹的，有明代曹寿奴《赠伯姊》:“草有并蒂花，木有连理枝。”象征朋友的，有曹植《送应氏诗》:

“愿为比翼鸟，施翮起高翔。”这首诗写惜别之情，这两句是说诗人愿和朋友做比翼鸟，一起翱翔于天空。

相传宋康王夺了随从官韩凭的妻子，还囚禁了韩凭。韩凭因此自杀，后来他的妻子同康王登台游玩时自投台下而死，留下遗书说要与韩凭合葬，康王却把他们分葬两处。不久，两座坟上各生一棵梓树，十天就长得很粗大，两棵树的根和枝交错在一起，树上有鸳鸯一对，相向悲鸣。有了这些故事和诗句，难怪人们把结婚称为“喜结连理”。鲁迅在《准风月谈·谈蝙蝠》中写道：“有情的愿作比翼鸟儿。”

第三编

日月风雨篇

在时间的长河里，日月风雨是亘古不变的信仰，见证了人间的喜怒哀愁。望月怀想，斜阳别绪，悲秋伤别，冰雪高洁，霜露凄冷，烟雾惆怅，白云悠然，暮雨愁思，滋养万物的日月雨露，也是诗人遥寄相思的信使。东风愁，西风思，人生浮云苍狗间，自然界的风雨变幻，何尝不是人生的际遇起伏？心中的日月，人生的风雨，成了诗人笔下小小的乾坤。

李商隐的“夕阳无限好”，从对落日照射下的金黄色大地的惊叹和陶醉到对人生迟暮的感叹；马致远的“古道西风瘦马”，从羁旅的凄凉形象到生动的秋郊夕照图，诗意随着时间流淌、转角。李白“长风破浪会有时”的豪迈和乐观，让踌躇的脚步有了坚定前行的理由；曹操“譬如朝露”的大声疾呼，让年华不敢虚度。李清照“帘卷西风，人比黄花瘦”的形象比喻，让人感同身受思念的凄冷和刻骨……

静立于天地万物间，感受日月风雨，可饮，可悟。

月：寄情千里光

望月怀人思乡，象征家国之恋。

《子夜四时歌·秋歌》：“秋风入窗里，罗帐起飘扬。仰头看明月，寄情千里光。”写闺情，让明月捎去对恋人的思念。曹丕《燕歌行》“明月皎皎照我床，星汉西流夜未央”，也是见月怀远人之句。李白《静夜思》：“床前明月光，疑是地上霜。举头望明月，低头思故乡。”杜甫《月夜忆舍弟》：“露从今夜白，月是故乡明。”白露时节，露凝而白，天气渐凉，故乡的月亮更加明亮。诗人以幻作真，表达对故乡亲人的至深思念。另一首《恨别》：“思家步月清宵立，忆弟看云白日眠。”因为思家忆弟的情思，所以踱步至清宵，白天看云彩的飘忽不定，更添愁绪，只能用睡眠来排遣，一眠而全不知。望云思友，望月怀人，这是古代诗词常用手法。再如刘长卿《谪仙怨》“白云千里万里，明月前溪后溪”。张九龄《望月怀远》：“海上生明月，天涯共此时。”这里的明月可以是中秋月，也可以是春月。这两句现如今已是家喻户晓，特别是第二句写出了一种穿越时空的心理认同，成为海峡两岸中国人感情的纽带。李益《夜上受降城闻笛》：“回乐烽前沙似雪，受降城外月如霜。”“月如霜”意同李白的“疑是地上霜”，写戍边战士望月怀念亲人。王昌龄《出塞二首》：“秦时明月汉时关，万里长征人未还。”写戍边战士的乡愁。同样的还有《从军行七首》：“撩乱边愁听不尽，高高秋月照长城。”南北朝时期谢庄《月赋》：“美人迈兮音尘阙，隔千里兮共明月。”与美人相隔千里，虽无音信，却能共赏一轮明月也算是慰藉。苏轼《水调歌头》：“人有悲欢离合，月有阴晴圆缺，此事古难全。但愿人长久，千里共婵娟。”本词比《月赋》层次更高，给予不能相见的亲人以诚挚的祝福。李煜《虞美人》：“小楼昨夜又东风，故国不堪回首月明中。”望月思故国，却不堪回首，心痛可见。欧阳修《玉楼春》：“人生自是有情痴，此恨不关风与月。”词人即将离开洛阳，与友人惜别，他认为，朋友之间的痴情和真诚相待，与风月繁华是没有关系的，只在乎心灵的契合。

一轮明月，照尽千古历史，象征无限时空。

李白《把酒问月》：“今人不见古时月，今月曾经照古人。古人今人若流水，共看明月皆如此。唯愿当歌对酒时，月光长照金樽里。”张若虚《春江花月夜》：“人生代代无穷已，江月年年望相似。”这两首作品都写明月亘古不变，人生却如流水般逝去，是对生命的感叹，也是对人生的热爱。

另外，白居易《琵琶行并序》中多次提到了月亮，但象征意义却不尽相同：“醉不成欢惨将别，别时茫茫江浸月。”喝酒兴致未尽却到了分别的时刻，看着倒映在江河中的圆月，有月圆人不圆之感慨。“东舟西舫悄无言，惟见江心秋月白。”人们沉浸在美妙的乐曲声里，皎洁的秋月烘托了四周环境的寂静与清澄。“今年欢笑复明年，秋月春风等闲度。”“秋月春风”写出了时间的流逝，写人的老去、失宠，衬托寂寞与孤独。“去来江口守空船，绕船月明江水寒”；“春江花朝秋月夜，往往取酒还独倾”，这两句写人独自对月的孤独凄凉。但主人公不同，第一句是写琵琶女嫁作商人妇以后的生活，第二句是写白居易被贬之后的情景。

一轮圆月，自古以来就凝聚了古老民族深厚的生命情感。多愁善感的明月，照亮了一心两地的相思；千古不变的明月，看遍了人生的朝朝暮暮；高雅脱俗的明月，成就了无数扣人心弦的唐诗宋词……承载了这许多情感的明月，不敢懈怠，阴晴圆缺地轮回着，任人们在它身上汲取想象和能量，然后自笔下流泻而出，书写人世间的悠悠情怀。月，就这样超越时空地与我们互动着。

雪：千树万树梨花开

雪似花，花似雪，以花喻雪在古诗中是常见的，意为纯洁、美好。

《白雪歌送武判官归京》：“北风卷地白草折，胡天八月即飞雪。忽如一夜春风来，千树万树梨花开。”岑参将雪压冬林的景象比作一团团锦簇的梨花，甚是好看。唐代东方虬：《春雪》“春雪满空来，触处似花开。”唐代刘方平《春雪》：“飞雪带春风，徘徊乱绕空。君看似花处，偏在洛城中。”韩愈《春雪》：“白雪却嫌春色晚，故穿庭树作飞花。”刘禹锡《杨柳枝词》：“晚来风起花如雪，飞入宫墙不见人。”雪的白，花的美，融于一体，真不愧“碧玉琼瑶，点点扬花，片片鹅毛”的称道。张先《千秋岁》：“永丰柳，无人尽日飞花雪。”飞花雪，指柳絮。明末清初女诗人纪映淮《咏秋柳》：“不与行人绾离别，赋成谢女雪飞香。”秋柳开始枯黄的枝条，不似春柳那般能系住离亲别友的行人，也不如春柳吐絮时带给人的诗意。

雪覆难行，意指环境的恶劣和恶势力的猖狂。

李白《行路难》：“欲渡黄河冰塞川，将登太行雪满山。”诗人用“冰塞川”“雪满山”象征人生道路上的艰难险阻，具有比兴的意味。柳宗元《江雪》：“千山鸟飞绝，万径人踪灭。孤舟蓑笠翁，独钓寒江雪。”前两句所描写的雪景象征政治气候的严寒，而“钓雪”则象征不为险恶严寒所动的独立不迁的精神境界。“燕山雪花大如席，片片吹落轩辕台。”以极度夸张匪夷所思而成名句，既为将要展开的悲惨故事造势，也奠定了诗歌的浪漫主义基调，结句“黄河捧土尚可塞，北风雨雪恨难裁”，风雪再一次出现，与开篇呼应，使全诗笼罩的悲剧气氛一以贯之，达到顶点。唐代卢纶《塞下曲六首》（其三）：“欲将轻骑逐，大雪满弓刀。”对严寒景象的描写，突出表达了战斗的艰苦和将士们奋勇的精神。

雪白浪花，一石激起千层浪。

柳永《望海潮》：“怒涛卷霜雪，天堑无涯。”写尽钱塘江的雄伟、险要和壮阔。霜雪，即雪白的浪花。再如李煜《渔父》：“浪花有意千里雪，桃花无言一队春。”苏轼《念奴娇·赤壁怀古》：“乱石穿空，惊涛拍岸，卷起千堆雪。”

冰雪晶莹堪比心志的忠贞、品格的高尚。

王昌龄《芙蓉楼送辛渐》：“洛阳亲友如相问，一片冰心在玉壶。”冰心，高洁的心性，古人用“清如玉壶冰”比喻一个人光明磊落的心性。再如：“应念岭海经年，孤光自照，肝胆皆冰雪。”岭南一年的仕途生涯中，自己的人格品行像冰雪一样晶莹、高洁。贯休《送姜道士归南岳》：“松品落落，雪格索索。”雪格喻高洁的品格。清代李渔《怜香伴·香咏》：“小姐这等诗真有雪胎梅骨，冷韵幽香。”

比喻白。

李煜《玉楼春》：“晚妆初了明肌雪，春殿嫔娥鱼贯列。”准备晚上歌舞的宫女晚妆已毕，肌肤白嫩明丽，光彩照人，预示了歌舞的美妙精彩。雪，即白。再如晏殊《浣溪沙》：“玉碗冰寒滴露华，粉融香雪透轻纱。”“香雪”借喻女子肌肤的芳洁。李白《将进酒》：“君不见，高堂明镜悲白发，朝如青丝暮成雪。”温庭筠《菩萨蛮》：“小山重叠金明灭，鬓云欲度香腮雪。”眉妆晕染，使得眉际妆饰的额黄隐现明灭，鬓云蓬松好似云朵，香腮洁白似雪。小山，弯弯的眉毛。

冬天，最浪漫快乐的事，莫过于邂逅一场雪。雪的晶莹，雪的洁白，雪飘洒的姿态，雪中的脚印，雪中飞扬的雪球，还有那戴着帽子的雪人，都会让我们的笔下开出千树万树的花来。这个时候，那些关于雪的诗句，就会如漫天的六角“花瓣”一样，纷纷涌向我们的生命。李白的夸张，卢纶的宏阔，苏轼的想象，李煜的忧伤，柳宗元的宁静，王昌龄的清逸，都一一在这雪中获得了新的生命。诵读这些诗句，体味诗人写这些诗句时的情怀，我们也便成了诗人，成了雪中的归人。

霜：印我青鞋第一痕

深秋霜降景象，象征凄清冷寂。

《诗经·秦风·蒹葭》中有“蒹葭苍苍，白露为霜”的诗句，说的是当河边芦苇呈青灰色时，露水也因气温降低而转化为霜，霜露覆盖的芦苇自然着上了主人公的感情色彩，给人一种凄清冷寂的感觉。李白《静夜思》：“床前明月光，疑是地上霜。”诗人睡梦初醒，误将窗前清冷的月光看成地上的浓霜。“霜”，一是指月光之皎洁，一是指季节的寒冷，衬托诗人漂泊异乡的孤寂凄凉之情。杜甫《出郭》：“霜露晚凄凄，高天逐望低。”王昌龄《秋山寄陈谠言》：“北风何萧萧，兹夕露为霜。”唐代张继《枫桥夜泊》：“月落乌啼霜满天，江枫渔火对愁眠。”月亮已经落下去，乌鸦啼叫声传来，霜色漫天，“我”看着江边的枫树和渔船上的灯火，忧愁难以入眠。诗人描绘了一幅水乡秋夜的幽寂清冷氛围，抒发了羁旅者的孤寂清寥感受。柳永《八声甘州》：“对潇潇暮雨洒江天，一番洗清秋。渐霜风凄紧，关河冷落，残照当楼。”潇潇暮雨从天而降洒落在江河里，经过雨洗的秋景，一派寒凉晴朗，秋风凄凉紧迫，江河关山一片冷清萧条，余晖照在楼台上。宋代程垓《酷相思》：“月挂霜林寒欲坠。正门外、催人起。”月亮好像挂在霜林上面一样，寒气逼人，这正是在梦乡甜蜜的时刻，现实是门外正催人启程，离别的时刻到了。清末王国维《蝶恋花》：“满地霜华浓似雪，人语西风，瘦马嘶残月。”这是词人回家奔父丧时所作。满地的白霜，浓得犹如铺上了一层雪。人们在西风中话别，瘦马在残月里悲鸣。

一年一度霜降，故为时间的代称。

唐代刘皂《渡桑干》：“客舍并州已十霜，归心日夜忆咸阳。无端更渡桑干水，却望并州是故乡。”诗人为谋出路客居并州已有十年，每日每夜都在思念故乡咸阳。一日他无故再一次渡过桑干河，回头望时，并州好像就是自己的故乡。明末汤显祖《刘君东下第南归》：“漠漠蒹葭映夕阳，同人秋鬓十三霜。”唐代沈佺期《游少林寺》：“雁塔风霜古，龙池岁月深。”“风霜”“岁月”对举，实则同义。唐代作品《凤归云·闺怨》：“征夫数载，萍寄他邦。去便无消息，累换星霜。”征夫数年，寄居他乡，杳无音信，思妇终日牵挂忧虑，除却叹息，别无他法。“星霜”，喻时间。

比喻高洁。

西晋陆机《文赋》：“心懔懔以怀霜，志眇眇而临云。”《文赋》是文学独立发展之后，在实践基础上得出的理论结晶。这两句话的意思是：心意肃然胸怀霜雪，情志高远似上青云。

天寒生凉，比喻旅途艰辛。

范仲淹在《渔家傲·秋思》中也写到秋霜：“浊酒一杯家万里，燕然未勒归无计。羌管悠悠霜满地。人不寐，将军白发征夫泪。”这时已夜寒霜浓，又传来了悠悠羌笛之声，更加重了征人的愁思。词中描绘的西北地区霜早霜重的自然景象，突出了古代将士的寒苦。温庭筠《商山早行》：“鸡声茅店月，人迹板桥霜。”南宋杨万里《庚子正月五日晓过大皋渡》“渡船满板霜如雪，印我青鞋第一痕”，写的也是旅人行色匆匆，辛苦异常，似从温诗化来，但不如温诗自然，温诗更从第三者眼光，具有同情之意。明代章美中《初秋感怀》：“思妇楼头月，征夫马上霜。”月色霜色相辉相映，创造了一个寒凉世界。“楼头月”写思妇难眠而站在楼头面对一轮寒月寄予相思之苦；“马上霜”则喻征夫奔波不止，备尝艰难，写尽了战争给人带来的痛苦是巨大的。秦观《如梦令》：“梦破鼠窥灯，霜送晓寒侵被。无寐，无寐，门外马嘶人起。”夜宿驿站，饥鼠窥灯，晓寒侵被，终究是睡不着，一会儿便听得门外马儿嘶鸣，赶路的人们已经为新一天的行役做准备了。宋代吕本中《南歌子》：“驿路侵斜月，溪桥度晓霜。”天上还挂着斜月，人已经上路了，溪桥上像被镀上了一层霜色，诗人意在说明羁旅早行之苦。晚清词人蒋春霖《蝶恋花》：“鸦背残霜侵短剑，纸窗梦破疏灯飐。”

霜降于秋天，是秋天的象征。

李商隐《宿骆氏亭寄怀崔雍崔衮》："秋阴不散霜飞晚，留得枯荷听雨声。"诗人在旅途中暂宿骆氏亭，看到阴霾不散，想到霜期来晚，思念朋友的心绪更重了。没想到一会儿便听得淅沥的雨滴敲打枯荷的声音，别有一番美的意境，也略慰诗人的相思之情。又因重阳节离九月霜降很近，所以霜也成了表现重阳节特征的意象。再如李商隐《九日》："曾共山翁把酒时，霜天白菊绕阶墀。十年泉下无人问，九日樽前有所思。"晏几道《阮郎归》："天边金掌露成霜，云随雁字长。绿杯红袖称重阳，人情似故乡。"唐代来鹄《偶题二首》："一夜绿荷霜剪破，赚他秋雨不成珠。"柳永《倾杯》："鹜落霜洲，雁横烟渚，分明画出秋色。"

霜是开在晚秋的花。清晨，当我们拉开窗帘的一刹那，窗户玻璃上奇丽的霜花令我们惊诧，它像极了童年时万花筒里百变的花朵。而这美丽的霜，在古代却多了几分清寂和艰辛。因思念，霜色加深了独在异乡的孤寂；身在他乡，霜色加重了奔波的辛苦。一年一霜，时光流逝，霜色更重，思念更深，孤独也更深。霜的生命短暂，但它给予诗人的情感也并不浅。欣赏着今日的霜花，读着昨日的霜情，我们的笔下一定会有一个多彩、诗意的世界。

露：似此星辰非昨夜

悲秋象征。

《九辩》的基本内容是感遇，主导情绪是悲秋。作者结合秋天的各种景物，如秋露、秋霜、秋雨、秋风、秋月，以及秋天虫鸟草木的描绘，来表现一个游子弃臣的忧愁忧思。其中"白露既下百草兮，奄离披此梧楸"一句，则是通过对秋露来临时树木枝疏叶落的景物描写，抒发自己生不逢时的哀愁。

比喻时间短促，人生短暂。

汉乐府《薤露》：“薤上露，何易晞！露晞明朝更复落，人死一去何时归！”薤上的露水，一遇太阳便烟消云散。可今天露干明早还能生成新露再落，人死却不能再生。诗人进而感叹人生短促、无常。《古诗十九首·明月皎夜光》：“白露沾野草，时节忽复易。”野草上沾满了晶莹的露珠，已是秋气入深的季节，时光流逝，一年的时间将近。《驱车上东门》：“浩浩阴阳移，年命如朝露。”人的一生就像早晨的露水，太阳一晒就消失了。曹操《短歌行》：“对酒当歌，人生几何？譬如朝露，去日苦多。”曹植《赠白马王彪》：“人生处一世，去若朝露晞。”阮籍《咏怀》：“人生若尘露，天道邈悠悠。”两汉秦嘉《赠妇诗》：“人生譬朝露，居世多屯蹇。”

象征高洁。

屈原《离骚》：“朝饮木兰之坠露兮，夕餐秋菊之落英。”诗人以“坠露”“落英”为饮食，表现出强烈的浪漫主义色彩，比喻自己独立于世，纯洁高尚的精神境界。虞世南《蝉》：“垂緌饮清露，流响出疏桐。”古人认为蝉生性高洁，栖高饮露，故说“饮清露”。

象征思念。

曹丕《燕歌行》：“秋风萧瑟天气凉，草木摇落露为霜。群燕辞归鹄南翔，念君客游多断肠。”秋风起，天气凉，草木尽落，露水为霜，妻子思念在外的丈夫，不知其温饱。江淹《古离别》：“送君如昨日，檐前露已团。”李商隐《无题》：“风波不信菱枝弱，月露谁教桂叶香。”思妇觉得自己就像枝一样柔弱，但还得遭受风波的摧残，又像桂枝一样飘香，却得不到月露的滋润。张九龄《望月怀远》：“灭烛怜光满，披衣觉露滋。”诗人吹灭蜡烛，站在皎洁的月光下怀念远人，如银的月光让人心生恋意，直到身觉寒意，感到夜露的湿冷，才想起应该披件衣裳。李白《玉阶怨》：“玉阶生白露，夜久侵罗袜。”夜深了，站在阶梯上时间久了，冰凉的露水连罗袜都浸湿了。另一首《月夜忆舍弟》：“戍鼓断人行，边秋一雁声。露从今夜白，月是故乡明。”诗人预先描写一幅边塞秋天凄凉萧瑟的图景，接着写露白令人生寒，月明令人思乡，抒发怀乡思亲之情。晏殊《蝶恋花》：“槛菊愁烟兰泣露。”栏杆外，菊花笼罩上一层烟雾，就像满含愁容，菊花沾上了湿露，就像默默啜泣。词人将“愁烟”“泣露”人格化，抒发自己的闺中之思。柳永《玉蝴蝶》："水风轻、蘋花渐老，月露冷、梧叶飘黄。遣情伤。故人何在？烟水茫茫。"秋风轻拂水面，白蘋花渐渐枯萎，月寒露冷，梧桐叶在霜露的浸染下，叶子正一片一片变黄，随风慢慢飘落下来。烟水茫茫，同词人因思念而茫然的感情交融在一起。清代黄景仁《绮怀》："似此星辰非昨夜，为谁风露立中宵。"今夜星辰不同昨夜，昨夜星辰见证了"花下坐吹箫"的浪漫，而今夜却是一个人在露水打湿衣襟的风中站立，苦苦思念至绝望。

比喻田园生活。

陶渊明《归田园居》："种豆南山下，草盛豆苗稀。晨兴理荒秽，带月荷锄归。道狭草木长，夕露沾我衣。衣沾不足惜，但使愿无违。"李白《访戴天山道士不遇》："犬吠水声中，桃花带露浓。"描绘了一派桃园风光。

万籁俱寂之时，露珠悄然出现在一个充满凉意的角落。它不与尘世争美，默默地在夜晚与星星为伴。一不小心，它还浸湿了思人的衣裳、罗袜，让思情更重，这时，李白"露从今夜白"的诗句是此情此景最好的写照。清晨，屹立于草尖的露珠，晶莹剔透，想要见它的美丽，定是早起的人儿，这时，陶渊明早起劳作的"夕露沾我衣"是最好的解释。露，深夜而来，黎明即去，没有等到太阳升起就匆匆消逝，这时，"年命如朝露"是最好的形容。

雨：随风潜入夜，润物细无声

好雨润物，表达喜悦。

韦应物《幽居》："微雨夜来过，不知春草生。"韩愈《早春呈水部张十八员外》：“天街小雨润如酥，草色遥看近却无。”流传最广的要数杜甫的《春夜喜雨》：“好雨知时节，当春乃发生。随风潜入夜，润物细无声。”志南《绝句》：“沾衣欲湿杏花雨，吹面不寒杨柳风。”诗人讲的是春游路上的和风细雨。早春的雨称为“杏花雨”，夏初的雨则是“黄梅雨”。

暮雨潇潇，比喻愁思。

白居易《上阳白发人》：“耿耿残灯背壁影，萧萧暗雨打窗声。”秋雨打窗，渲染上阳宫人被幽禁的凄清气氛。王昌龄《芙蓉楼送辛渐》：“寒雨连江夜入吴，平明送客楚山孤。”诗人和辛渐雨夜行船至吴地，第二天好友辛渐就会离去，只留下孤独的楚山。“寒雨”也随同人一起“入吴”，可见是为烘托即将到来的别情。又如许浑《谢亭送别》：“日暮酒醒人已远，满天风雨下西楼。”杜牧《题宣州开元寺水阁》：“深秋帘幕千家雨，落日楼台一笛风。”深秋密雨像给千家万户挂上了雨帘，夕阳西下登楼时风中传来悠扬的笛声。宛溪风光向来如此吧，只是风光依旧，改变的是其他而已。诗人由此感慨古今。苏轼《浣溪沙》“萧萧暮雨子规啼”，暮雨，一指暮春景色，也意指词人贬官期间的凄凉心境。李煜《浪淘沙》：“帘外雨潺潺，春意阑珊。”窗外淅沥的春雨惊醒了词人，他觉得春天即将过去。此句为下文抒发内心的凄凉哀痛铺垫。李清照“梧桐更兼细雨”烘托人物的孤寂心情，再如温庭筠《更漏子》：“梧桐树，三更雨，不道离情正苦。一叶叶，一声声，空阶滴到明。”贺铸《横塘路》：“试问闲愁都几许？一川烟草，满城风絮，梅子黄时雨。”词人的愁到底有多少呢？如一望无际的烟雾中的草色，如满城飘飞的花絮，如梅子时节下个不停的雨。可见愁之多、之深、之乱。王安石《望江南·超然台作》：“烟雨暗千家。”词人登楼远眺，千万人家笼罩在烟雾细雨中，衬托词人的思乡之情。刘辰翁《永遇乐》：“谁知道，断烟禁夜，满城似愁风雨。”临安沦陷，还没有到寒食节，元军却下达了禁火的命令，连上元之夜也禁止通行。满城的繁华和欢笑变成了满城的风雨和愁苦。抒发了词人的家国之愁。

一蓑烟雨，象征仕途坎坷。

苏轼《定风波》：“竹杖芒鞋轻胜马，谁怕？一蓑烟雨任平生。”词人被贬至黄州，一日在路上突遇雨，别人都狼狈不堪，他却觉得：竹杖和草鞋的轻快胜过骏马，谁也不怕！一袭蓑衣披在身，再大风雨也不怕。词人由这次遇雨经历得到启示，生活中的风雨尚且如此，人生中的风雨又何所惧！元代许衡《辞召命作》：“一天雷雨诚堪畏，千载风云漫企思。”“雷雨”喻人君之怒，“风云”喻际遇。人君很难侍奉，干脆不希求那千载难逢的君臣际遇吧。元代张养浩《秋日梨花》：“月影已非前日梦，雨容独带旧时痕。”诗人以梨花雨容喻自己经过政治风雨后，变得更加沉着、冷静。

若将人生的三个阶段以听雨区分，比喻恰当的还属蒋捷的《虞美人·听雨》：“少年听雨歌楼上，红烛昏罗帐。壮年听雨客舟中，江阔云低，断雁叫西风。而今听雨僧庐下，鬓已星星也。悲欢离合总无情。一任阶前，点滴到天明。”词人分别写了三种人生阶段的听雨情景：少年，无忧无虑、追逐欢笑；壮年，听雨伴雁声、西风，感慨飘零；晚年，听雨发白心满，愁彻夜难眠。少年的雨，是愉悦的，壮年和晚年的雨则是悲苦的。

下雨了，到处湿漉漉的，潮湿的空气，湿漉的台阶，余光中先生说“连思想也都是潮润润的”。在如雨缠绵的思绪里，我们仿佛看到了杜甫喜雨的滋润，志南杏花雨的调皮；看到了暗雨打窗的冷寂，寒雨入夜的惜别；看到了温庭筠三更雨的离情，贺铸梅子雨的愁绪；仿佛看到了苏轼、许衡、张养浩的风雨人生。这样多情的雨，自然是读不完，也写不完的。

秋：草木黄落兮雁南归

宋玉在《九辩》中说道“悲哉，秋之为气也”，于是，悲就成了秋的一种色调，一种情绪；愁，也就成了“心上秋”了。

春秋几度，比喻迟暮，光阴飞逝。

汉乐府《长歌行》：“常恐秋节至，焜黄华叶衰。”经常惶恐秋天的到来，害怕看到树木枯黄凋零的样子。诗人以惧怕春去秋来的时节变化，来抒发青春易逝，应早早努力，不要错失美好年华。刘彻《秋风辞》：“秋风起兮白云飞，草木黄落兮雁南归。”秋风起，使得白云翻飞，黄叶零落，大雁南飞。诗人听过秋风引起的一系列萧条变化，感叹人生的“秋色”之迟暮，抒发悲秋情感。白居易《长恨歌》“春风桃李花开日，秋雨梧桐叶落时”，从春风到秋雨，从桃李花开到梧桐叶落，说明随着季节的更替和时间的推移，唐玄宗对杨贵妃的思念不减。

悲秋伤离，象征离别。

白居易《琵琶行》：“浔阳江头夜送客，枫叶荻花秋瑟瑟。”柳永《雨霖铃》：“多情自古伤离别，更那堪，冷落清秋节。”元代徐再思《水仙子·夜雨》：“一声梧叶一声秋，一点芭蕉一点愁。”梧桐叶落而知秋，雨打芭蕉而知愁，抒发旅人的离愁别绪。

象征怀人思乡的愁绪。

李商隐写给妻子的“君问归期未有期，巴山夜雨涨秋池”（《夜雨寄北》），刘长卿吊古思乡之作“古台摇落后，秋日望乡心”（《秋日登吴公台上寺远眺》），杜甫羁旅叹时之作“万里悲秋常作客，百年多病独登台”（《登高》），同样的还有卢纶“三湘衰鬓逢秋色，万里归心对月明”（《晚次鄂州》），柳宗元的寄怀之作“海畔尖山似剑芒，秋来处处割愁肠”（《与浩初上人同看山寄京华亲故》），范仲淹写乡思旅愁的“碧云天，黄叶地。秋色连波，波上寒烟翠”（《苏幕遮》），韦应物写给好友邱丹的“怀君属秋夜，散步咏凉天”（《秋夜寄邱员外》）。宋元之际诗人赵孟頫的《岳鄂王墓》：“鄂王坟上草离离，秋日荒凉石兽危。”秋日岳飞墓上荒草茂密，两旁的石兽高耸屹立。诗人一边为当年岳飞冤死哀痛，一边对南宋当局不思北进愤慨难当。在秋日荒凉背景下，在岳飞荒芜的陵墓前，家国之恨油然而生。蒋捷《声声慢·秋声》：“黄花深巷，红叶低窗，凄凉一片秋声。豆雨声来，中间夹带风声。疏疏二十五点，丽谯门、不锁更声。故人远，问谁摇玉佩，檐底铃声？彩角声吹月堕，渐连营马动，四起笳声。闪烁邻灯，灯前尚有砧声。知他诉愁到晓，碎哝哝、多少蛩声！诉未了，把一半、分与雁声。”蒋捷用十种声音来描写秋夜，风声、雨声、更声、铃声、号角声、笳声、蛩声、雁声等来抒发它们给人带来的苦闷心情。

云淡风轻，秋高气爽，抒发喜秋心情。

刘禹锡在《秋词》中写道：“自古逢秋悲寂寥，我言秋日胜春朝。晴空一鹤排云上，便引诗情到碧霄。”他一反悲秋情调，认为秋反而胜过生气勃勃的春天，秋高气爽不仅令诗情人碧霄，万里晴空上一排云鹤飞翔，也给人一种向上的意境。将悲秋化为喜秋的还有陆游的《秋声》“人言悲秋难为情，我喜枕上闻秋声”，王维《山居秋暝》“空山新雨后，天气晚来秋”，以及王绩《野望》“树树皆秋色，山山唯落晖”的秋日夕照图。

优雅的秋之境界，曾令多少文人墨客在大自然的襟怀里浮想联翩，且诗且吟。秋至叶衰的迟暮之叹，清秋送客的不舍之情，秋日荒凉的吊古之思，让秋沉甸甸的；秋之天宽地阔，秋之清雅脱俗，秋之凉爽明媚，让秋亮堂堂的。在秋天收获的季节，漫卷心情，不经意间润泽了诗情。

云：闲云潭影日悠悠

象征或超脱，或坦荡，或宁静的情怀。

“空”是王维诗的中心概念，而“云”也是其中心意象之一。王维19岁时将陶渊明散文《桃花源记》改为诗歌《桃源行》：“峡里谁知有人事，世中遥望空云山。”对桃源中的生活做了一番描绘后，诗人咏叹：从此隐居峡谷，再不管外间变化；世人求访异境，不过是空望云山。王维40岁左右时，看透艰险仕途，开始过着亦官亦隐的生活。《终南别业》便是此时的创作：“行到水穷处，坐看云起时。”在山间散步，不知不觉间，走到了溪水尽头，似乎已无路可走。没事，那就索性坐下来，抬头看天上的云卷云舒。一切都是那么自然，行云流水般顺畅。足见诗人的悠闲自在，抒发对自得其乐的闲适情趣的向往。再如“悠然远山暮，独向白云归”（《归辋川作》），“君言不得意，归卧南山陲。但去莫复问，白云无尽时”（《送别》），“君问终南山，心知白云外”（《答裴迪辋口遇雨忆终南山之作》）等，都在表达对理想境界的向往。

南朝陶弘景《诏问山中何所有赋诗以答》："山中何所有？岭上多白云。只可自怡悦，不堪持寄君。"陶弘景隐居之后，齐高帝下诏询问，山中有什么呀？意在说山中没有高官厚禄，没有锦衣玉食。后三句是诗人的回答，山中唯有白云，但只可自己欣赏，不能拿下来寄给您呀。陶弘景以飘逸的白云委婉地谢绝了皇帝的出仕之邀，展示了超尘出世的情怀。柳宗元《渔翁》："回看天际下中流，岩上无心云相逐。"日出时，渔船已近中游，回头看山巅上的云朵，随风飘浮，好像在互相追逐嬉戏呢。此时的诗人被贬永州，政治上受到沉重的打击，只能寄情于山水。

望云思友。

杜甫《恨别》："思家步月清宵立，忆弟看云白日眠。"夜晚，因为思念亲人，坐立不安；白天，卧看白云悠悠，倦及而眠。刘长卿《谪仙怨》："白云千里万里，明月前溪后溪。"天空上漂浮的万里白云，能否捎去对友人的想念呢？愿明月载着思念随溪水流去友人所在的地方。此诗抒发作者对友人的挂念和对被贬的遗恨。

象征时间的流逝。

王勃《滕王阁诗》："画栋朝飞南浦云，珠帘暮卷西山雨。闲云潭影日悠悠，物换星移几度秋。"滕王阁上的画栋和珠帘因无人欣赏，冷清落寞，幸好还有高高的南浦云和远远的西山雨来光顾。低头望潭水，云影倒映其中，千载悠悠，不知度过了多少个春秋。这是诗人从空间和时间上来写滕王阁。异曲同工的还有唐代诗人崔颢的《黄鹤楼》："黄鹤一去不复返，白云千载空悠悠。"诗人登临古迹黄鹤楼，看见鹤去楼空，白云悠悠飘荡，抒发人世茫然之叹。

衬托边塞荒凉环境。

盛唐诗人王之涣《凉州词二首》（其一）："黄河远上白云间，一片孤城万仞山。"眺望之处，辽阔的高原上，黄河奔腾而去，好像流入白云一般。在高山大河的怀抱下，一座孤城巍然屹立。这两句既写大好山河，又写戍边将卒的荒凉境遇。李颀《古从军行》："野云万里无城郭，雨雪纷纷连大漠。"旷野云雾茫茫，万里不见城郭，雨雪纷纷，连接着大漠，极言军旅生活的凄冷酷寒。

云，充满了神秘感。它经历了风雨，看透了世态万象，却处变不惊，在天空自在行走。“心知白云外”是其对人间最珍贵的馈赠。云，绵延整个天空，即使一时的风吹云断，也扯不断连绵的情绪，“白云悠悠”是对亲人最缠绵的思念，“千里万里”是对朋友深长的牵挂。还有那野云的苍茫，闲云的流逝，都在书写云的传奇，它们既装扮了天空，也点亮了我们的文章。

斜阳：且向花间留晚照

斜阳，又名夕阳、落日、余晖、残照、余红、远照、残日、斜晖、日暮等。

夕阳晚照，寄托伤逝、惜时之情。

人们向来只赞颂旭日东升的壮观和希望，很少有人赞美夕阳西沉的浑厚，李商隐《乐游原》“夕阳无限好，只是近黄昏”由落日景色而引发人生感慨，成就千古名句。宋代宋祁《玉楼春》：“为君持酒劝斜阳，且向花间留晚照。”我要举杯挽留夕阳，让它留在花丛中多陪伴我们一些时间。晏殊《清平乐》：“紫薇朱槿花残，斜阳却照阑干。”秋已至，紫薇和朱槿的花开始凋谢，只有斜阳照在栏杆上。一个“却”字反映词人惜花悲秋情感。秦观《画堂春》：“放花无语对斜晖，此恨谁知?”“放花”指欣赏完春花且放下，不去攀折，说明词人的惜花之情。接着不说话，一片寂静，面对着斜阳余晖，内心升起一种伤春情绪。晏殊《踏莎行》：“一场愁梦酒醒时，斜阳却照深深院。”因愁饮酒，酒醒愁未消，望着深深庭院，只有一抹斜阳照射。想着斜阳转瞬即逝，愁更重。这是词人的伤春情怀。

落日天涯不见家，象征离情别绪。

李白《送友人》：“浮云游子意，落日故人情。”刘长卿《送灵澈上人》：“荷笠带斜阳，青山独归远。”看着斜阳下友人离去，诗人久久伫立目送。范仲淹《苏幕遮》：“山映斜阳天接水，芳草无情，更在斜阳外。”芳草无边无际，连着天涯，似乎比斜阳更遥远。芳草喻示离愁别恨，而斜阳则成了渲染这种气氛的背景、时间和类比的对象。以斜阳渲染羁旅情思的还有秦观《满庭芳》“斜阳外，寒鸦数点，流水绕孤村”、马致远“夕阳西下，断肠人在天涯”。秦观《踏莎行》：“可堪孤馆闭春寒，杜鹃声里斜阳暮。”春寒料峭的季节，不堪忍受独自待在客馆中，听着窗外杜鹃一声声的“不如归去”，看着斜阳西沉，怎能不引起客居他乡、羁旅怀思的愁情呢？宋代曹组《点绛唇》“云透斜阳，半楼红影明窗户”的春景描写为下文抒发怀人情思作铺垫。柳永《凤栖梧》：“草色烟光残照里，无言谁会凭阑意？”登高远望，草色青青，烟波浩渺，日暮西沉，面对如此春景，词人更加思念远方的恋人，心底自问，谁会理解自己登高凭阑的心意呢？周邦彦《玉楼春》：“烟中列岫青无数，雁背夕阳红欲暮。”晏殊《浣溪沙》：“一曲新词酒一杯，去年天气旧亭台，夕阳西下几时回？”从“去年”“夕阳西下”“几时回”便可知词人是在怀念昔日曾经欢聚的友人。同样意境的还有其《清平乐》：“斜阳独倚西楼。遥山恰对帘钩。”柳永《八声甘州》：“渐霜风凄紧，关河冷落，残照当楼。”风紧残照下的关河景象，境界绮丽而悲壮，寄寓离别之思。柳永还有一首表现思念故人的《玉蝴蝶》：“断鸿声里，立尽斜阳。”宋张舜民《卖花声·题岳阳楼》：“回首夕阳红尽处，应是长安。”词人抒写遭贬途中对故乡的眷念。元代李致远《落梅风》：“斜阳外，春雨足，风吹皱一池寒玉。”以“斜阳”“春雨”渲染雨后春晚的寂静落寞。“风吹皱一池寒玉”，揭示主人公内心感受，盼离人早归。

夕阳与时序流转有关，常被借以抒发思古之幽情。

杜甫《禹庙》：“禹庙空山里，秋风落日斜。”杜甫出蜀东下，途经忠州，特地前去观览大禹古庙。秋风萧瑟，举目远眺，只见禹庙四周群山环抱，草木幽深，残阳正好斜照在大殿之上。明代杨慎《临江仙》：“青山依旧在，几度夕阳红。”只有青山依旧矗立，看着一次又一次的夕阳落下。大家也许眼熟，这首词是《三国演义》的开篇词。读着词作，回想着剧情，也许你会为其中的慷慨悲壮或沧桑变化所震撼。王安石《桂枝香》：“征帆去棹残阳里，背西风、酒旗斜矗。”夕照下，江帆在河水中缓缓前行，酒旗迎风飘扬。“残阳”“西风”，透露出衰飒景象，为下文叹兴亡、力改革的表达营造了气氛。周邦彦《西河·金陵怀古》：“燕子不知何世，向寻常巷陌人家相对，如说兴亡斜阳里。”以燕子河斜阳写尽兴亡之感。李白《忆秦娥》：“音尘绝，西风残照，汉家陵阙。”秦汉已经过去了，只剩下西风残照下的汉家陵阙，一种悲壮历史消亡感堵塞在人们心头。陆游《月上海棠》：“斜阳废苑朱门闭。吊兴亡、遣恨泪痕里。”辛弃疾《永遇乐·京口北固亭怀古》：“斜阳草树，寻常巷陌，人道寄奴曾住。”落日余晖照耀着荒草杂树，普通的小巷街道，人们说刘寄奴（刘裕）曾住在这里。词人由当地景色想起宋武帝刘裕北伐时的气壮山河，意境苍凉悲壮。朱敦儒《相见欢》：“金陵城上西楼，倚清秋。万里夕阳垂地、大江流。”中原沦陷，词人登上金陵西城上，倚楼望着江河一片秋色，万里大地，滚滚大江流水，还有那快要落山的夕阳，这一切景致引起词人对故国的怀念和心情的苦闷。王安石的大弟王安国有诗《题滕王阁》：“胜地几经兴废事，夕阳偏照古今愁。”诗人青年时登临滕王阁，回想着它经历的沧桑变化和兴亡更迭，抒发吊古之思。

象征雄浑苍莽的边塞风光。

王维《使至塞上》：“大漠孤烟直，长河落日圆。”写出塞外的壮阔风光。同样意境的有范仲淹的《渔家傲》：“长烟落日孤城闭。”

夕阳之美，在于它即将消失时的最后绽放，仍旧灿烂无比，反而比初升时多了一份含蓄和柔美。也许就是基于这个缘故，一抹斜阳吸引了无数诗人的目光，生发了无数斜晖诗情。荒草夕阳里的怀古之思，斜阳阑干的缱绻相思，夕阳雨照的惜春伤春，斜阳西沉的人生之叹，成了今日我们笔下的常用意境，它可以让情感表达更加唯美和深情。

烟雾：腾腾扶上金钗

象征美女罗衣。

杜甫《自京赴奉先县咏怀五百字》：“中堂舞神仙，烟雾散玉质。”中堂，指杨氏家族的庭堂。舞神仙，像神仙一样的美女在翩翩起舞。烟雾，形容美女所穿的如烟如雾的薄纱衣。玉质，指美人的肌肤。

表达惆怅心绪。

鲍照《赠傅都曹别》：“短翮不能翔，徘徊烟雾里。”想要追寻远行人，一只翅膀短小的孤雁也是不能实现的，所以只能在烟雾里徘徊。李白《金乡送韦八之西京》：“望望不见君，连山起烟雾。”送友人行船离开，直至消失不见，只剩下江面上烟雾缭绕，好似诗人怅惘的心情一样。韦应物《初发扬子寄元大校书》：“凄凄去亲爱，泛泛入烟雾。”与亲爱的朋友就要分别，一会儿的工夫行船便消失在迷蒙的烟雾中。宋代孙道绚《清平乐·雪》：“无奈熏炉烟雾，腾腾扶上金钗。”身上带满雪花，进屋后却被熏炉的热气蒸发成烟雾，冉冉上升，笼罩在带着金钗的头上，雾气最终消散，让人顿生失落之情。

象征前途的迷惘、渺茫。

宋代苏舜钦《水调歌头》：“鱼龙隐处，烟雾深锁渺弥间。”湖上弥漫的烟雾，使得湖中的鱼龙不见踪影，仿佛已被深锁一般。同时词人在隐喻自己的境遇：被贬之后如同被隐的鱼龙，深锁于烟雾之中，不得施展抱负。明代陈子龙《点绛唇·春日风雨有感》：“几番烟雾，只有花难护。”几番烟雨，春红便禁不住摧残凋谢了。词人采用比兴手法，写清兵南下，对大明江山的几番践踏，则春景和家园一片狼藉，反映了词人内心无比沉重的亡国之痛。

烟雾氤氲弥漫，极易让人生发情感，潮潮的，黏黏的，让人心生不快；又轻轻的，浮飘的，让人不知所往。如果我们要把这让人不知所以的烟雾写成文字，诵读这些诗句，会给我们很好的启示。如果写它的朦胧美，杜甫对美人“烟雾散玉质”的形容可谓形象逼真；如果要写它的迷蒙、缭绕，那李白、韦应物送别友人后，自己在孤独的烟雾中迷茫、徘徊的怅惘心情，是我们要仔细感受和体悟的。

东风：艳粉娇红吹满地

东风吹，春天到。

李白《早春寄王汉阳》：“昨夜东风入武阳，陌头杨柳黄金色。”昨夜春风吹入武阳，阡陌尽头的杨柳冒出了黄金色的嫩芽。朱熹《春日》：“等闲识得东风面，万紫千红总是春。”谁都可以认得春天的面貌和特征，万紫千红，百花争艳，到处是一派春光。清代高鼎《村居》：“儿童散学归来早，忙趁东风放纸鸢。”东风，即春风。

东风吹，思绪乱，象征淡淡哀愁。

贾至《春思二首》（其一）：“东风不为吹愁去，春日偏能惹恨长。”和暖的东风却吹不走“我”的愁绪，春光也不过是招惹怨恨罢了！李商隐《无题》：“相见时难别亦难，东风无力百花残。”暮春伤别，心情黯淡，连风也显得软弱无力。《无题四首》（其二）：“飒飒东风细雨来，芙蓉塘外有轻雷。”东风伴着细雨，荷花塘外传来阵阵轻雷。女主人公想着两人曾经在芙蓉塘相悦的情景，不禁心生一丝迷茫苦闷。欧阳修《浪淘沙》：“把酒祝东风，且共从容。”词人持酒祷告，希望东风和人一样从容流连，千万别匆匆离去。词人由此回忆与洛阳友人昔日相聚时的美好时光。另《青玉案》：“不枉东风吹客泪。相思难表，梦魂无据，惟有归来是。”不怨春风吹得异乡人落泪，相思难以言表，好梦也了无痕迹，只有回乡的那天才是真的如愿以偿。由春风吹而勾起羁旅之思。晏殊《诉衷情》：“东风杨柳欲青青。烟淡雨初晴。恼他香阁浓睡，撩乱有啼莺。”东风吹来杨柳青，雨后初晴，莺啼却叨扰了女子好梦。两句春景描写，是为了衬托香阁女子的怨思。晏几道《玉楼春》：“东风又作无情计，艳粉娇红吹满地。”史达祖《三姝媚》：“可惜东风，将恨与、闲花俱谢。”在春风送暖的美好季节，她却含恨而终。“闲花”本指野花、无主之花，后世喻指妓女。以大好春光的乐景衬花谢之哀情，情更伤。李煜《虞美人》：“小楼昨夜又东风，故国不堪回首月明中。”春风又来，一年又一年，可是故国却早已不在，抒发了词人的故国之思和亡国之痛。吴文英《祝英台近·除夜立春》：“残日东风，不放岁华去。”春风徐来，一年将近未近，所以是“不放岁华去”，为下文抒发羁旅情思作铺垫。史达祖《留春令·咏梅花》：“闻说东风亦多情，被竹外、香留住。”词人在一个春天的傍晚赏梅，想让东风捎去对梅的思念，可听说多情的东风早已被梅花的香气留住，无法作为传递相思的使者了，一股淡淡的愁思涌起。宋代张先《一丛花令》：“沉恨细思，不如桃杏，犹解嫁东风。”女子沉沉怨恨，细细思量，觉得自己还不如桃花杏花，还能随风吹落呢。东风在此成了有情物，似乎能解桃杏之思呢。有趣，新奇，甚妙！这样犹带童话意味的比喻来自李贺《南园十三首》（之一）：“可怜日暮嫣香落，嫁与东风不用媒。”诗人将落花比喻为一个成熟的女子，不经媒妁之言，就自己随着情郎“东风”一起出奔了。宋代王庭筠《谒金门》：“瘦雪一痕墙角，青子已妆残萼。不道枝头无可落，东风犹作恶。”墙角梅花凋零，只剩几粒青小的梅子点缀着花萼，败花残枝，枝头已无花可落，可东风仍来作恶。女主人公以花喻自己，感叹时光易逝，青春不再。宋代管鉴《醉落魄·正月二十日张园赏海棠作》：“春阴漠漠。海棠花底东风恶……殷勤待与东风约。莫苦吹花，何似吹愁却。”春天的时光寂静无声，东风却猛烈地吹拂着海棠花，词人欲与东风约定，莫要再吹海棠，为何不来吹走“我”的愁思呢？苏轼《海棠》：“东风袅袅泛崇光，香雾空蒙月转廊。”春风吹拂，到处洋溢着春意的暖融，海棠的香气在雾气中弥漫开来，沁人心脾，月亮已经回廊那边去了，夜已深，人未寐，定是愁思使然。宋代钟过《步蟾宫》：“东风又送酴醿信，早吹得、愁成潘鬓。”春风又给酴醾花报信来了，可令人苦恼的是“我”的两鬓已经斑白。贺铸《思越人》：“紫府东风放夜时。”词人回忆京城元宵节消除宵禁时的欢乐情景。意在抒发抚今追昔、怀才不遇之感。

东风恶，象征强大的恶势力。

周邦彦《瑞鹤仙》：“叹西园、已是花深无地，东风何事又恶？”词人与友离别后怨恨东风吹落花多，“东风恶”亦暗指当时官府横征暴敛。宋代张元干《兰陵王·春恨》：“东风妒花恶，吹落梢头嫩萼。”强劲的东风嫉妒春花的美艳，竟把刚冒梢的嫩花萼吹落了。词人身经亡国丧乱之痛，借此寄寓国事之恨。陆游《钗头凤》：“东风恶，欢情薄。”这句词指陆游母亲听信谗言，令其休弃新妇唐婉，使得欢情少，离恨多。从此便“桃花落，闲池阁”，“山盟虽在，锦书难托”。此“东风”指陆母，即封建长辈。同有此意的还有《红楼梦》中的各种“东风”。黛玉的《唐多令》：“嫁与东风春不管，凭尔去。忍淹留！”字面上写柳絮与春风的婚嫁，实际上表现了黛玉对贾府长辈们的不满：林家将黛玉交给你们，但你们对“我”的终身大事没有做好安排。宝钗《临江仙》：“白玉堂前春解舞，东风卷得均匀。”这里的“东风”也指可以决定“柳絮”命运的力量，但宝钗对这种力量和安排的处境还是满意的。另外，薛宝琴、探春和宝玉也都有“东风”之诗作，在此不再赘述。明末陈子龙《点绛唇·春日风雨有感》：“满眼韶华，东风惯是吹红去。”在这里，词人用的是比兴手法。“韶华”（春光）和“红”（花），代表美好事物，代表他所热爱的明代江山和明代百姓；而“东风”则是邪恶势力的象征，也隐喻清兵的南下。

指促成事情成功的重要条件。

杜牧《赤壁》：“东风不与周郎便，铜雀春深锁二乔。”赤壁大战，周瑜用火攻的战术击败了有着数量优势的曹军，可是如果东风不助周郎，那么二乔必定被抢，铜雀台就会多了两位东吴佳丽了。由赤壁东风故事而出的还有宋代邓剡《酹江月·驿中言别》：“水天空阔，恨东风不借、世间英物。”是年，词人和文天祥一同被捕，而途中词人因病被赦，而文天祥却继续囚禁。词人由眼前的长江联想到周郎得东风相助大破曹军的往事，而痛惜文天祥不得天助的无奈和怨恨。

东风吹过，吹绿了嫩芽，吹红了花朵，大地一片春光。去户外感受一阵东风，欣赏一番春景，去寻找阡陌尽头的杨柳，去追识春风的面貌，去迎风放飞纸鸢，东风下的一切都充满了无限生机。

这阵东风，凌乱了人的思绪。它从东到西，从南到北，转眼便绵延几千里，所以它成了诗人的信使。这般明媚的日子，遗憾的是恋人不在身边，自己不在故乡，于是嘱托东风快快吹散忧愁，把这份情思吹到思念之地，好让彼岸的人儿也了解心意。东风，让情感跨越时空，绵延悠长。

这样和善、温婉的春风不仅滋养万物，也滋润着我们的心灵。李商隐的优美，晏殊的婉约，吴文英的含蓄，王庭筠的深刻，周邦彦的精雅，陆游的豪放，在这“东风”中注入了新的生命，也让我们的文章中萌生了新生的力量。

西风：草木摇落而变衰

西风，即秋风。

游子之思。

宋玉《九辩》：“悲哉秋之为气也！萧瑟兮，草木摇落而变衰。憭慄兮，若在远行；登山临水兮，送将归。”以感叹秋气悲凉起兴，叙写诗人的客居与失意。两汉《古歌》：“秋风萧萧愁杀人，出亦愁，入亦愁。”秋风萧萧，令人坐立不安的是离家戍守至今不能归的忧愁。王安石《江山》：“江水漾西风，江花脱晚红。离情被横笛，吹过乱山东。”西风卷波浪，落红飘飞，一派秋景勾起诗人的离愁。蒋捷《虞美人》：“壮年听雨客舟中。江阔云低、断雁叫西风。”壮年时，兵荒马乱，词人在客舟中听雨，看着江河宏阔黑云压低，大雁在西风中鸣叫，一阵旅恨离愁涌上心头。辛弃疾《水龙吟·登建康赏心亭》：“休说鲈鱼堪脍，尽西风，季鹰归未？”晋朝人张翰（字季鹰）见秋风起，便想到了家乡美味的鲈鱼，于是辞官回乡。词人借此典故表达自己思乡而未能归的惆怅心绪。同样借用这个典故表达思乡之情的还有唐代张籍《秋思》："洛阳城里见秋风，欲作家书意万重。复恐匆匆说不尽，行人临发又开封。"在秋风中思念家乡，遂写就一封满是叮咛和嘱咐的家书，虽然相思写不尽，可总得停笔邮寄，却在临行寄发的时刻，还是不放心地重新打开来看。这个旅中寄书的小情节将思乡之深重表达得甚是丰满。马致远《天净沙·秋思》："枯藤老树昏鸦，小桥流水人家，古道西风瘦马。夕阳西下，断肠人在天涯。""小桥流水人家"或许是江南之景，"古道西风瘦马"，是秋景，而且与北方秋景相似，所以南北之异景，正好抒发词人羁旅漂泊的情感。张可久《折桂令·九日》："人老去西风白发，蝶愁来明日黄花。"西风吹着满头白发，花有凋谢的时候，人也有衰老的时候，面对黄花蝴蝶也会发愁，更何况是人老呢？人老便是"倦客思家"。宋琬《江上阻风》："长江巨浪征人泪，一夜西风共白头。"长江巨浪犹如征人眼泪，白色浪花好像西风中的飘飘白发。诗人运用新奇的比喻和夸张手法抒发自己的思乡之情和对官场生活的厌倦。

恋人之思。

《楚辞·九歌·湘夫人》："帝子降兮北渚，目眇眇兮愁予。嫋嫋兮秋风，洞庭波兮木叶下。"湘夫人飘然降临在北水洲，"我"凝神远望，心中无限惆怅。阵阵秋风吹开洞庭湖碧波，湖岸的树丛哟，落叶嗖嗖飘下。这是接迎湘夫人的祭礼。湘夫人作为"山川之神"，是不降临祭祀现场的，所以一开始诗作便充满了淡淡的哀愁。曹丕《燕歌行》(其一)："秋风萧瑟天气凉，草木摇落露为霜，群燕辞归雁南翔。"三句写出了一片深秋肃杀情景，为下文女主人思念在外未归的丈夫作铺垫。李白的《子夜吴歌·秋歌》："秋风吹不尽，总是玉关情。"秋风吹不走妇人对远征在外丈夫的思念。李清照《醉花阴》："莫道不销魂，帘卷西风，人比黄花瘦。"重阳佳节，伊人在西风中，独自面对瘦菊，苦苦思念在外未归的丈夫。西风的凄冷，思妇的愁容，景与情的映衬，最后落在一个"瘦"字上，写法精妙绝伦。晏殊《蝶恋花》："昨夜西风凋碧树，独上高楼，望尽天涯路。"今早独自登上高楼，天高云阔，似乎连路的尽头都能望到，才想起是因为昨夜强劲的西风把树叶都吹落了。"西风"之衰景，"望尽"之相思，跃然纸上。纳兰性德《浣溪沙》："谁念西风独自凉，萧萧黄叶闭疏窗，沉思往事立残阳。”开篇“西风”“黄叶”既指明季节，又给整首诗定下了悲伤基调。谁来挂念“我”在西风中独自受凉呢？不忍心看着黄叶一片片飘落在地，只好关闭疏窗，站立在残阳里，回忆我们曾在一起时相亲相爱的美好时光。

友人之思。

贾岛《忆江上吴处士》：“秋风生渭水，落叶满长安。”渭水，长安城郊外送客出发之地。诗人感受着从渭水吹来的秋风，看着铺满长安街道的落叶，触景伤情，想起昔日与友人相聚又分别的情景，心中不免感伤。这一联千古名句被不少名家转引。表达同样思想的还有周邦彦《齐天乐》“渭水西风，长安乱叶，空忆诗情宛转”，元代白朴《梧桐雨》“伤心故园，西风渭水，落日长安”。

迟暮之感，衰颓之意。

李白《忆秦娥》：“西风残照，汉家陵阙。”站在西风吹拂的余晖里，看着汉朝留下的陵墓和宫阙，词人营造了一种悲壮的历史消亡感。吴潜《鹊桥仙》：“痴儿呆女贺新凉，也不道、西风又起。”西风又起，一年又尽，词人感叹宦海浮沉壮志难酬的落寞心情。张可久《普天乐·秋怀》：“西风驿马，落月书灯。”在秋风中坐在驿马上奔波，在落月青灯下赶写文牍。作者意在表达自己白发苍颜却还要疲于奔波劳碌。另一首《小桃红·寄鉴湖诸友》：“西风雁行，清溪渔唱，吹恨入沧浪。”大雁在秋风中排成人字形掠过天空，远处清溪隐约传来渔歌袅袅余音，希望西风把一腔悲秋和愤世的仇恨吹入沧浪之水中洗涤。元代李致远《红绣鞋·晚秋》：“又见西风换年华。数杯添泪酒，几点送秋花。行人天一涯。”西风又来，一年又到尽头，时光流逝拽不住。作者在这晚秋时节，孤身一人浪迹天涯，心中悲苦、落寞之情可见。唐温如《题龙阳县青草湖》：“西风吹老洞庭波，一夜湘君白发多。”秋风吹皱洞庭湖水，湖面泛起层层白波，如此萧飒秋景竟然让美丽的湘君一夜愁白了头。抒发了诗人迟暮之感。

在诗人们的心中，秋风承载了许多的感伤情绪。风起天凉，在外的游子不免思念故乡；风吹帘卷，闺中的女子不免思念情人；风又起，人们不免感叹年华又逝。如果我们在秋游的背囊里，储存了这样的“秋思”，那我们的游记就会景美情更浓。

长风：直挂云帆济沧海

指远风，大风。

李白多次运用“长风破浪”的意象来表达自己高远的志向：“长风破浪会有时，直挂云帆济沧海”[《行路难》(其一)]，“谓言挂席度沧海，却来应是无长风”(《东鲁见狄博通》)：表达豪迈阔大胸襟的《宣州谢朓楼饯别校书叔云》：“长风万里送秋雁，对此可以酣高楼。”

以艰苦环境衬托思念的煎熬。

李白《关山月》：“长风几万里，吹度玉门关。”征人东望，所见长风浩浩荡荡，好似掠过几万里中原国土，横度玉门关而来。抒写士卒对故乡的怀念。北朝隋之际诗人卢思道《从军行》：“长风萧萧渡水来，归雁连连映天没。”雁归而人未归，萧萧长风，行行归雁，蕴含着征夫思妇无限的思乡离情。写戍卒思归之情的还有王昌龄《从军行》：“长风金鼓动，白露铁衣湿。”宋代雷应春《好事近》：“客子短篷无据，倚长风挂席。”游子乘坐一叶小舟，没有停泊，依仗着长风，扬帆归来，可见其归心似箭。

我们一起读读诺贝尔文学奖得主莫言笔下的《大风》：“我们钻进了风里。我听不到什么声音，只感到有两个大巴掌在使劲扇着耳门子，鼓膜嗡嗡地响。风托着我的肚子，像要把我扔出去。堤下的庄稼像接到命令的士兵，一齐倒伏下去，河里的水飞起来，红翅膀的鲤鱼像一道道闪电在空中飘。”通过作者对风中人物、庄稼、河水、鲤鱼的描写，我们仿佛身临其境，和作者一起感受那前所未见的大风。再读诗人们笔下的风，他们通过对沧浪、大雁的描写，来寄托自己的情感。写风而不只写风，这是“长风”意象给予我们的写作启示。

金风：飘动桂枝香

象征秋天。

隋代李密《淮阳感秋》："金风荡初节，玉露凋晚林。"李商隐《辛未七夕》："由来碧浪银河畔，可要金风玉露时。"金风即秋风，玉露即秋露。金风玉露，泛指秋天的景物，比喻人世间可贵且短暂的事物，多用于描写爱情男女短暂相逢时光的弥足珍贵，如运用于牛郎织女七夕鹊桥相会传说的词，再如纳兰性德《齐天乐·塞外七夕》："清漏频移，微云欲湿，正是金风玉露。"秦观《鹊桥仙》："金风玉露一相逢，便胜却、人间无数。"晏殊《清平乐》："金风细细。叶叶梧桐坠。"微微秋风正细细吹拂，梧桐叶正在飘飘欲坠。元代贯云石《小梁州·秋》："金风荡，飘动桂枝香。"元代李好古《沙门岛张生煮海》："可则是玉露泠泠。金风淅淅，中秋节序，正值着冷清清，人静更初。"明代朱栴《浪淘沙·秋》："塞下景荒凉，淡薄秋光，金风淅淅透衣裳。"秋风至，衣裳薄，思乡更胜。明代德容《七夕二首》(其一)："玉露金风报素秋，穿针楼上独含愁。"秋天，风声萧萧，草木凋零，所以称为"素秋"。正值七夕，有登楼穿针引线风俗，诗人也登楼，却是含愁，一为牛郎织女短暂相聚后的分离，二为自己国亡家破、流落异乡的处境。清代刘道著《湘江秋晓》："爽气荐金风，新凉入衣袂。"金风频送爽气，凉意透衣裳。

写文章最忌讳模式化、老套，没有新鲜的味道、元素。仔细咀嚼古代诗词，品味作者的遣词造句，我们发现，他们用词不但准确，还很时尚。我们用惯了"凉风习习"来表达微风和煦，何不学着晏殊写一句"金风细细"，同样表达微微秋风细细吹拂之意；用惯了"秋风吹"，可以学着贯云石写一句"金风荡"；我们习惯了用大篇幅笔墨描写秋天凋零景象，为何不用德容的"素秋"二字涵括？

浮云：斯须改变如苍狗

比喻奸邪小人。

《古诗十九首·行行重行行》：“浮云蔽白日，游子不顾返。”“浮云”比谗间之人，“白日”比游子，游子之所以不返，是因为谗言遮蔽了双眼。此句写思妇对游子不归的猜测和疑虑，也是因为相思所致。李白《登金陵凤凰台》：“总为浮云能蔽日，长安不见使人愁。”浮云遮住了太阳，使“我”看不到长安，真令人忧愁。这里指君主被佞臣蒙蔽，使得诗人报国无门。再如王安石《登飞来峰》：“不畏浮云遮望眼，只缘身在最高层。”

象征游子，喻离别。

李白《送友人》：“浮云游子意，落日故人情。”杜甫《梦李白二首》(其二)：“浮云终日行，游子久不至。”韦应物《淮上喜会梁州故人》：“浮云一别后，流水十年间。”诗人与友人阔别多年再相逢，既相逢又感慨。“浮云”有飘忽意。西汉李陵《别诗三首》：“仰视浮云驰，奄忽互相逾。风波一失所，各在天一隅。”这是李陵在匈奴送别苏武归汉所作。诗人把离别比作天上的风吹云驰，逾越飘忽，天各一方。苏武《诗四首》：“俯观江汉流，仰视浮云翔。良友远别离，各在天一方。”南宋葛长庚《水调歌头》：“浮云飞絮，一身将影向潇湘。”“浮云飞絮”比喻旅人。卢纶《长安春望》：“川原缭绕浮云外，宫阙参差落照间。”长安城外，河流原野，纵横交错，一直延伸到浮云之外；长安城里，宫殿参差错落，笼罩在一片斜晖中。“川原”，即郊外的河流原野，这里指家乡。

浮云好似白衣苍狗，比喻变幻无常。

蒋捷《贺新郎·兵后寓吴》：“叹浮云、本是无心，也成苍狗。”天上的云彩，一会儿像白色的衣裳，一会儿像黑色的小狗，变幻莫测。浮云变化，本是无心，却也远不及人事的变化快。张元干《瑞鹧鸪·彭德器出示胡邦衡新句次韵》："白衣苍狗变浮云，千古功名一聚尘。"第一句语出杜甫《可叹》"天上浮云如白衣，斯须改变如苍狗"，写世事变化无常，在战乱年代，是非颠倒，壮志难酬，千古功名像一堆尘土。杜甫《登楼》"锦江春色来天地，玉垒浮云变古今"，锦江伴着春色从天边而来，玉垒山上的浮云飘忽不定，像极了古今世事的风云变幻，诗人由此联想到国家动荡不安的局势。王维《酌酒与裴迪》："世事浮云何足问，不如高卧且加餐。"无论世事变化多快，都要保持达观、超凡脱俗的心态。

人们常说浮云若梦，那是因为浮云如白衣苍狗，变幻无常，令人难以捉摸。杜甫"斯须改变如苍狗"的诗句是对这变化最凝练的诠释。身在异乡的游子，当思乡之情挠心，谁不是"仰视浮云翔"，可怜自己如浮云飘散，问天地，自己何时才能回到亲人身边。当浮云散遍了天际，阳光拨开云雾从缝隙间洒落时，那一束光芒的照射是令人欣喜若狂的。写文章也是这样，从万千迷茫中，寻找一丝光亮，那样写就的文字才是振奋人心的，才是令人难忘的。

青云：仙乐风飘处处闻

象征高官显爵。

岑参《寄左省杜拾遗》："白发悲花落，青云羡鸟飞。"时光空逝而无所建树，羡慕鸟儿高飞，为自己难以实现青云之志而伤感。王勃《滕王阁序》："穷且益坚，不坠青云之志。"杜甫《寄李十二白二十韵》："白日来深殿，青云满后尘。李白《与韩荆州书》："而君侯何惜阶前盈尺之地，不使白扬眉吐气，激昂青云耶？"李白《赠从兄襄阳少府皓》："吾兄青云士，然诺闻诸公。”诗人感叹，老兄你可是官运通达，青云直上，一诺千金，名噪公卿啊。西汉东方朔《答客难》：“抗之则在青云之上，抑之则在深渊之下。”提拔他可在青云之上，抑制他则在深泉之下。

象征高空。

《楚辞·九歌·东君》中有这样的诗句：“青云衣兮白霓裳，举长矢兮射天狼。”诗中描绘东君穿着青云白霓的衣裳，高举长箭射击天狼。屈原的诗描绘出旭日丽空云霓辉映，手持弓箭的东君神勇飘逸的形象，是对太阳神崇高的礼赞。表达同样意思的还有司马相如《子虚赋》：“交错纠纷，上干青云。”白居易《长恨歌》：“骊宫高处入青云，仙乐风飘处处闻。”李白《古朗月行》：“小时不识月，呼作白玉盘。又疑瑶台镜，飞在青云端。”刘禹锡《始闻秋风》：“马思边草拳毛动，雕眄青云睡眼开。”

象征高尚人格。

南朝齐孔稚珪《北山移文》：“夫以耿介拔俗之标，潇洒出尘之想，度白雪以方洁，干青云而直上，吾方知之矣。”有些隐士，自以为有耿介超俗的标格，潇洒出尘的理想；品德纯洁，像白雪一样；人格高尚，与青云比并。“我”才知道有这样的人。李白《经乱离后天恩流夜郎忆旧游书怀赠江夏韦太守良宰》：“一忝青云客，三登黄鹤楼。”辱为青云之客，乃李白为韦太守贵宾的客套话。

高空上的青云，总是遥不可及；仕途上的青云，总是令人仰慕追求；人格上的青云，则让人钦慕不已。青云在诗人的笔下，由具象到抽象，阐释了心灵的向往和精神的追求。当为理想而奋斗时，王勃的“青云之志”是最好的方向，“穷且益坚”是最好的法宝；当为心灵寻找栖息地时，与青云比并，是最好的参照。

第四编

事物器具篇

信手拈来的事物或器具，都承载着诗人的情感，成就一个个丰富的意象。酒杯里盛满了悲欢离合，笛声里充满了悠闲和哀愁，灯影下映出了温暖和凄凉，行舟里装满了离愁别绪，桥上留下了早行的足迹，玉器金器里全是奢华，镜子里是如水的月色，捣练的两端是无尽的思念，泪水涟涟，山高水阔，却不知远人的任何音讯，连尺素都无法相寄。多希望他早点结束吴钩之行，两人一起在东篱种菊花。

原来意象可以串联成一个故事，从彼时的月下对饮，到此时的对月独酌；从朱雀桥、乌衣巷的昔日繁华，到如今的野草花、夕阳斜；从以前的琴瑟和鸣，到如今的捣衣声声，同样的秋色，却是异地两颗心。事物器具的意象，用静止的事物，感悟澎湃的情感。

后来，我们都会发现，时节也是一个故事，从春到夏，从秋到冬；人生也是一个故事，从幼时到成年；世界也是一个故事，从开始到现在……

酒：醉不成欢惨将别

喜。

谈酒，自然不得不提到李白。李白诗歌不可或缺的要素便是：酒，月，山水。《客中行》："兰陵美酒郁金香，玉碗盛来琥珀光。但使主人能醉客，不知何处是他乡。"精美的玉器，浓烈的琼浆，这首诗完全没有羁旅的愁思，完全是豪饮酣醉的洒脱。《江山吟》："美酒樽中置千斛，载妓随波任去留。"表现了李白肯定物质享受而反对苦行的人生观。《将进酒》："人生得意须尽欢，莫使金樽空对月。"当时政治上失意的李白却对未来大有信心，所以说"人生得意"，他是要与未来干杯。

杜甫《客至》："肯与邻翁相对饮，隔篱呼取尽余怀。"朋友来访，诗人备丰盛酒菜招待，并对朋友说，邻居老翁善饮酒，请过来同饮也是畅事一件。另一首《闻官军收河南河北》："白日放歌须纵酒，青春作伴好还乡。"诗人听得捷报，战乱平息，自己可以回乡时，心生喜悦，着急地要开怀畅饮，以示庆贺。韦应物《寄全椒山中道士》："欲持一瓢酒，远慰风雨夕。"诗人久坐官署之中，甚是无聊，突发奇想，要想去山中寻访道士。他想要以一瓢酒，在风雨交加的傍晚，给生活清贫的道士以安慰，反映了诗人对山中隐逸生活的向往。王维的"新丰美酒斗十千，咸阳游侠多少年"，语出曹植《名都篇》："归来宴平乐，美酒斗十千。"这是少年游侠的豪饮，侠气干云。陆游《游山西村》："莫笑农家腊酒浑，丰年留客足鸡豚”，丰收之年农村一片欢乐祥和气氛。白居易《问刘十九》：“绿蚁新醅酒，红泥小火炉。”喝着新酿的美酒，烤着温暖的小火炉，和朋友一起畅饮，实在是一件令人羡慕的事情。

悲。

陆机《短歌行》：“置酒高堂，悲歌临觞，人寿几何，逝如朝霜。”杜甫《登高》：“艰难苦恨繁霜鬓，潦倒新亭浊酒杯。”国恨家仇、暮年多病，唯有酒能解决一时悲愁。

宋代吴渊《念奴娇》：“阑干捶碎，酒狂忠愤俱发。”词人登高远眺，追怀历史事件和英雄人物之后，再回头看战事未休，人已两鬓斑白，激愤之余，酒后用拳头猛烈地撞击栏杆，以此抒发内心情感。张孝祥《浣溪沙》：“万里中原烽火北，一尊浊酒戍楼东。酒阑挥泪向悲风。”词人登高，由边塞衰草景象想到了万里之外已经沦陷多年的中原，悲从中来，以一杯浊酒浇愁，谁知愁更愁，泪洒栏杆，在悲风中飘扬。辛弃疾“醉里挑灯看剑，梦回吹角连营”壮志难酬，只有在醉梦里看到那声势浩大的抗战场面。范仲淹《渔家傲》：“浊酒一杯家万里，燕然未勒归无计。”词人奉命防守危城，天长日久，不免思念乡土，便以一杯浊酒遥寄万里之外的家乡，而战争未取得胜利是无颜见江东父老的。

离。

离情总与美酒联系在一起，所以美酒也饱含对离人的祝福。

王维《送元二使安西》的“劝君更尽一杯酒，西出阳关无故人”，白居易《琵琶行》中的“醉不成欢惨将别，别时茫茫江浸月”等，都是以酒抒写别离之情。戴叔伦《江乡故人偶集客舍》：“羁旅长堪醉，相留畏晓钟。”诗人与朋友偶遇，一起畅饮，甚是高兴，可又怕报晓的钟声响起，所以宁愿长醉在酒梦里，不愿醒来。一方面是因为诗人不愿与朋友分别，另一方面诗人又怕孤单一人，羁旅之愁难以排遣。以酒话别的还有宋代舒亶的《菩萨蛮》：“画船捶鼓催君去，高楼把酒留君住。”柳永的《雨霖铃》是一首饯别之作：“今宵酒醒何处？杨柳岸、晓风残月。”这句虽然是词人设想别离后的情景，却也非常真实，别后醉酒，醒后看着一派凄凉景色，还不如不醒。晏殊《浣溪沙》：“一曲新词酒一杯，去年天气旧亭台，夕阳西下几时回？”饮酒添词，怀念去年在一起听歌喝酒时的欢愉情景，如今独自一人，问远人何时能归。

愁。

李白《月下独酌》："花间一壶酒，独酌无相亲。举杯邀明月，对影成三人。"表达了诗人深深的孤独感。杜甫《元日示宗武》："飘零还柏酒，衰病只藜床。"春节，杜甫告诉次子宗武，虽然一家人飘零在外，自己整日病身躺在藜床上，但佳节到来还是得喝柏叶酒，祈求寿康。这里酒的含义有二，一是柏酒祈愿，一是叹衰病缠身，悲喜交加，但可见家人间亲情至深。柏叶酒，以柏树叶浸制的酒。元日饮用，以祝长寿。晏殊《踏莎行》："一场愁梦酒醒时，斜阳却照深深院。"因春愁醉酒，梦醒添新愁，词人正为伤春伤别而惆怅。讲完伤春，再来悲秋，李清照《声声慢》："三杯两盏淡酒，怎敌他、晚来风急。"词人饮酒，想以此来抵御早起的风寒袭击，却未能如愿。另一首《醉花阴》："东篱把酒黄昏后，有暗香盈袖。"重阳节到，因独自一人而不愿出外登高，只好把酒东篱独赏菊花，愁情可见。

真是喜也酒，悲也酒，离也酒，愁也酒。酒成了诗人们表达喜怒哀乐的对象。在盈盈一杯酒中，李白的洒脱、杜甫的沉郁、韦应物的闲淡、张孝祥的豪壮、辛弃疾的雄阔、柳永的婉约，令人品咂回味。诗人们一饮三叹，无论是庭前的花开花落，还是天上的云卷云舒，都尽在一杯酒中。读着小杯里大乾坤的诗词，相信我们都会有盈满心怀的感悟。

灯：夕殿萤飞思悄然

温暖、美好、团圆、希望、向上、亲切的意象。

杜甫《赠卫八处士》："人生不相见，动如参与商。今夕复何夕，共此灯烛光？"诗人与好友卫八处士有二十年未见，时值战乱又重逢，喜悦与感慨齐生。人生不相见，就像此出彼没的参宿和辰星。今天是什么日子呢，咱们竟然能在烛光下促膝而谈？李商隐《夜雨寄北》：“何当共剪西窗烛，却话巴山夜雨时。”何时能够一起再剪烛夜谈，到时再一起回忆今日巴山夜雨的情景。由“剪烛”而出的还有史达祖《绮罗香》“记当日、门掩梨花，剪灯深夜语”，记得当初一起在下雨的春夜剪灯私语。词人用当初的美好回忆反衬今日的怀人情思。

辛弃疾《木兰花慢·滁州送范倅》：“秋晚莼鲈江上，夜深儿女灯前。”词人送别好友范倅，祝愿他能早日吃到家乡的美味，能与儿女在深夜灯下团聚，这里的温馨场景也是词人自己所期盼的。另一首《青玉案·元夕》：“众里寻他千百度。蓦然回首，那人却在，灯火阑珊处。”元宵佳节满城灯火，主人公穿过大街小巷，欲寻觅一位意中人，忽然回头，那人却在灯火稀稀落落僻静处。词人对“那人”的追求，表达了不愿随波逐流的品格。生活于金元之际的元好问《得纬文兄书》：“青灯一杯酒，千里故人书。”在青灯下，读着故人书信，喝着小酒，让人感觉一种沁人心脾的喜悦。

孤独、凄凉、愁苦、哀伤、凄婉、惨淡的意象。

戴叔伦《除夜宿石头驿》：“旅馆谁相问？寒灯独可亲。”除夜独宿旅馆无人问津，只有寒夜里的一盏灯陪伴。李白《长相思》：“孤灯不明思欲绝，卷帷望腔长叹。”“孤”字不只写灯，也写诗人自己的孤寂，抒发相思愁绪。白居易《上阳白发人》：“耿耿残灯背壁影，萧萧暗雨打窗声”，写上阳宫人孤独凄冷的境况。另一首《长恨歌》：“夕殿萤飞思悄然，孤灯挑尽未成眠”，写唐玄宗的相思之情。杜牧《旅宿》：“寒灯思旧事，断雁警愁眠。”孤灯下孤客思念故乡往事，抒发羁旅之愁。司空曙《喜外弟卢纶见宿》：“雨中黄叶树，灯下白头人。”诗人感叹自己的衰老，“灯下”为这种伤感营造了悲凉气氛。韦庄《章台夜思》“孤灯闻楚角，残月下章台”，表达思乡之情。周邦彦《关河令》“更深人去寂静，但照壁、孤灯相映”，抒发更深人静孤居情怀。张抡《烛影摇红·上元有怀》：“满怀幽恨，数点寒灯，几声归雁。”“寒灯”“归雁”意象苍凉，加重“满怀幽恨”之情绪。词人抒发黍离之悲。唐代元稹《闻乐天授江州司马》：“残灯无焰影幢幢，此夕闻君谪九江。”诗人被贬期间，重病缠身，突闻好友白居易被贬谪江州，心情十分愤懑、悲痛，这两句写诗人听到消息时的情景：一盏残灯灯光昏黄摇曳不定。黄庭坚《寄黄几复》："桃李春风一杯酒，江湖夜雨十年灯。"第一句是写与好友相聚时春风送暖，桃李花开，为乐事碰杯；第二句写分别后各自漂泊于江湖，十年光景，每逢夜雨时，面对孤灯，怀念不尽。

《诗经·小雅·庭燎》中每章的第三句分别是："庭燎之光""庭燎晰晰""庭燎有辉"。其中"庭燎"指宫廷中用麻秸等物扎成的火炬，用以照明。三句话的意思是说火炬由明亮到微亮，再到烟光相杂，暗示着时间的缓慢推移。

行走在漆黑的夜晚，如果看到一窗窗柔和的灯光，会感受到夜晚的温暖，会想起自己曾经在灯下与朋友促膝交谈，与亲人团聚一堂，会想起自己在灯下漫笔读书。如果羁旅他乡，那灯光又会勾起思乡情感，加重孤独的意味，让灯下孤影更显凄凉。灯本无辜，心思使然。诵读着历代诗人对灯的吟咏，体悟着其中的情怀，希望那一束束灯光能照亮我们的思想和文章。

笛：散入春风满洛城

笛声悠长，惹得游子思乡。

李白《春夜洛城闻笛》："谁家玉笛暗飞声，散入春风满洛城。此夜曲中闻折柳，何人不起故园情。"另一首《与史郎中钦听黄鹤楼上吹笛》："一为迁客去长沙，西望长安不见家。黄鹤楼中吹玉笛，江城五月落梅花。"在黄鹤楼与史郎中对饮，忽然听得笛奏《梅花落》，一股寒意袭上身，念国怀乡之情顿生。皇甫松《梦江南》："兰烬落，屏上暗红蕉。闲梦江南梅熟日，夜船吹笛雨潇潇，人语驿边桥。"这是由一幅梅雨时节的江南水乡图而引起的思乡之作。李煜《望江南》:“芦花深处泊孤舟。笛在月明楼。”芦花深处停泊了一叶孤舟,充满哀怨的笛声在银月下高楼上突然响起,如泣如诉,使离思更浓。

笛声传情,闻笛思人。

唐刘昚虚《暮秋扬子江寄孟浩然》:“寒笛对京口,故人在襄阳。”“寒笛”一指夜深天冷,二指笛声幽咽。诗人以“京口”“襄阳”距离之远,说明思情难传。辛弃疾《贺新郎》:“长夜笛,莫吹裂!”词人与好友陈亮相聚畅游,不长时日便分别。听着邻家笛声,回忆两人在一起高谈阔论的情景,不免更添思念愁绪。姜夔《暗香》:“旧时月色,算几番照我,梅边吹笛?”这首词与《疏影》是姜夔的两首咏梅佳作,寄寓对情人的怀念。李清照《孤雁儿》:“笛里三弄,梅心惊破,多少游春意。”词人赏梅,忽闻笛声,梅心亦人心,词人心中随笛声荡起涟漪,忆起与夫君双双赏梅的情景。其另一首“染柳烟浓,吹梅笛怨,春意知几许”(《永遇乐》)也是闻笛怀人、见梅思春之作。魏晋向秀《思旧赋》:“听鸣笛之慷慨兮,妙音绝而复寻。”因怀念好友嵇康,向秀重游旧址,听到邻人笛声,犹如听到嵇康临死前的琴声传来。闻笛思旧怀人的,还有乔吉的《水仙子·寻梅》:“酒醒寒惊梦,笛凄春断肠,淡月昏黄。”

羌笛悠悠,勾起征人离思。

羌笛是出自古代西部的一种乐器,它所发出的是一种凄切之音。羌笛发出的声音,常让征夫怆然泪下。胡笳的作用也与此相同。王之涣千古名篇《凉州词》:“黄河远上白云间,一片孤城万仞山。羌笛何须怨杨柳,春风不度玉门关。”前两句写山城的雄阔苍凉,借以说明戍守者处境的孤危。接着便听到了笛声吹奏的《折杨柳》曲调,引起戍边者的思乡情绪。边塞诗人李益《夜上受降城闻笛》:“不知何处吹芦管,一夜征人尽望乡。”夜深人静,边塞空旷,吹笛声不知从何处传来,让戍边的将士都思念家乡。另一首《从军北征》表达了同样的意境:“天山雪后海风寒,横笛遍吹《行路难》。碛里征人三十万,一时回首月中看。”岑参《白雪歌送武判官归京》:“中军置酒饮归客,胡琴琵琶与羌笛。”岑参在雪季送其前任武判官回京,在主帅营中设酒宴送别,边塞乐器来助阵,既是送别,也勾起送者的乡愁之思。唐代高适《塞上听吹笛》:“雪净胡天牧马还,月明羌笛戍楼间。借问梅花何处落,风吹一夜满关山。”“雪净”“牧马还”,既说明时节，也有和平意味。羌笛演奏《梅花落》，风吹过，笛声满关山。写尽边塞的和平宁谧气氛，也抒发了将士的思乡之情。范仲淹《渔家傲》“羌管悠悠霜满地”，同样描写入夜难寐，羌笛声音悠悠，秋霜铺满大地，一股悲凉凄清之感让征戍人乡愁加深。陆游《关山月》：“笛里谁知壮士心，沙头空照征人骨。”统治者求降，戍边的战士既不能战，也不能回，空守边塞耗光阴，笛声里的愁绪谁能知呢。

牧笛声声，象征恬静、安适、远离尘嚣的生活。

唐代吕岩《牧童》：“草铺横野六七里，笛弄晚风三四声。归来饱饭黄昏后，不脱蓑衣卧月明。”诗歌描绘了一个牧童田野小憩图。宽阔的原野一望无际，晚风中传来断断续续的笛声，牧童黄昏饭饱后，还没来得及脱去蓑衣，就径自躺在月光下的草地上。秦观《纳凉》：“携扙来追柳外凉，画桥南畔倚胡床。月明船笛参差起，风定池莲自在香。”诗人描绘了一幅远离烦热的纳凉胜地：明月轻照，笛声参差而起，微风拂面，池塘中莲花的幽香飘散而来。陈与义《临江仙·夜登小阁忆洛中旧游》：“忆昔午桥桥上饮，坐中多是豪英。长沟流月去无声。杏花疏影里，吹笛到天明。”这两句话是词人回忆二十多年前与好友在洛阳旧游的情景，当时天下太平，饮酒、明月、流水等美好意境，豪英们聚在一起吹笛直到天亮，多么自在的生活啊。宋代蔡确《夏日登车盖亭》：“睡起莞然成独笑，数声渔笛在沧浪。”诗人被贬官后行游，倦怠时小憩入梦，醒来后思量梦中与现实的差别，让人感慨人生如梦，所以诗人睡醒之后莞尔一笑。想到此，忽闻几声渔笛在沧浪中响起，那像是在召唤诗人归隐。

笛声时而清脆，时而悠扬，竟真能听出田园的恬淡、乡愁的滋味和离别的缠绵。当想要表达音乐的自由和随性时，吕岩的“笛弄晚风三四声”为我们描绘了一幅安然自乐的世外桃源图；当要抒发思乡之情时，李白“散入春风满洛城”的笛声传遍五湖四海，响彻云霄；当要表达离别之思时，乔吉“笛凄春断肠”的哽咽、范仲淹“羌管悠悠霜满地”的凄冷，奏响相思的绝唱。若没有这一声声笛乐，世界该是多么冷清，文字该是多么苍白；有了这笛声，月光也皎洁，诗意也隽永。

舟：日暮征帆何处泊

舟行水上，漂无定所，象征漂泊。

杜甫孤寂，写下了栖无定所的“细草微风岸，危樯独夜舟”（《旅夜书怀》），故国之思的“丛菊两开他日泪，孤舟一系故园心”［《秋兴八首》（其一）］，居于孤舟、与友失联的“亲朋无一字，老病有孤舟”（《登岳阳楼》），都用“舟”这个意象来表达飘零孤寂的情感。孟浩然《宿桐庐江寄广陵旧游》：“风鸣两岸叶，月照一孤舟。”落第的孟浩然，欲借行旅来排遣积郁，晚上宿桐庐江时，听到风吹着两岸的树叶哗哗作响，看到月光照着江面上的孤舟，心生孤单。数日前，舟行至上游建德江时，他曾写过《宿建德江》“移舟泊烟渚，日暮客愁新”，抒发羁旅之思。同样写旅愁的还有张继《枫桥夜泊》：“月落乌啼霜满天，江枫渔火对愁眠。姑苏城外寒山寺，夜半钟声到客船。”蒋捷《一剪梅·舟过吴江》：“一片春愁待酒浇，江上舟摇，楼上帘招。”处于国亡飘零的词人，乘舟江上，看到岸上青布帘的酒旗在飘扬，像是在招呼自己，过来一醉，也许此时的春愁可以借酒来浇灭。

舟船的止泊之意，象征远离尘世喧嚣的宁静、愉悦与自由。

陶渊明《归去来兮辞·并序》：“舟遥遥以轻飏，风飘飘而吹衣。”“或命巾车，或棹孤舟。既窈窕以寻壑，亦崎岖而经丘。”船儿在水上轻轻漂荡，风儿轻吹衣裳。有时候驾着车，有时候划着船，穿过沟壑，经过崎岖。诗人在此描绘自己弃官归隐后的安闲生活。柳宗元《江雪》：“孤舟蓑笠翁，独钓寒江雪。”诗人描绘了一幅寒钓江雪图。环境的幽僻，意在抒发自己政治上的失意，寄托清高孤傲的情感。而与此相同意境的有明朝张岱《湖心亭看雪》：“是日更定，余挐一小舟，拥毳衣炉火，独往湖心亭看雪。”独自撑舟前往湖心亭赏雪，也意在表达自己清高孤傲的情调和避世的幽愤。韦应物《滁州西涧》：“春潮带雨晚来急，野渡无人舟自横。”春雨带来的潮水流得很急，欲野渡却没有摆渡人，只有船儿随波横漂。

送别行舟，象征离情别绪。

孟浩然《送杜十四之江南》：“日暮征帆何处泊，天涯一望断人肠。”诗人送别好友杜晃离开，担心晚上船停泊在哪里，抒发了依依惜别之情。李白《黄鹤楼送孟浩然之广陵》：“故人西辞黄鹤楼，烟花三月下扬州。孤帆远影碧空尽，唯见长江天际流。”友人乘坐的船在碧波万顷的海面上渐行渐远，直至消失，只有滚滚长江水流向天际，似离情愁绪，绵长无尽。严维《丹阳送韦参军》：“丹阳郭里送行舟，一别心知两地秋。”“行舟”表明友人将乘船离开，此时，诗人想到别后同样的秋色，两颗心却是分别两地，真是种种离情，万般愁绪啊。刘禹锡《送华阴尉张苕赴邕府使幕》：“今朝一杯酒，明日千里人。从此孤舟去，悠悠天海春。”李清照特别喜欢划船，少女时代，她曾因游兴沉酣，竟然划船误入荷花深处：“兴尽晚回舟，误入藕花深处”；少妇时代，她也曾“轻解罗裳，独上兰舟”，一个“独”字却暗示了她一人出游，没有爱人陪伴，她是有孤独感的，与少女时代优雅生活、活泼率真的出游是大不同的。《武陵春》：“只恐双溪舴艋舟，载不动、许多愁。”听说双溪景色很好，于是想出游去欣赏，可又想到蚱蜢般的小船载不动心中诸多的愁绪。秦观“暂停征棹，聊共引离尊”（《满庭芳》），“犹记多情，曾为系归舟”（《江城子》），一个是话别时埋怨船停留时间太短，一个是回忆当初分别时的“系归舟”。南北朝江淹的《别赋》对离情进行了综述。作者对各类人物不同的离愁别恨进行描摹，“黯然销魂”是全文的基调，也是离愁的重要表现。如第一段中对离别时的情景叙述：“风萧萧而异响，云漫漫而奇色。舟凝滞于水滨，车逶迤于山侧；棹容与而讵前，马寒鸣而不息。掩金觞而谁御，横玉柱而沾轼。”风儿萧萧发出与平常不一样的声响，云儿漫漫有着与平常不一样的颜色。船儿停在江边停留不进，车子在山道旁行进缓慢；船桨迟缓不前划不动，马儿嘶鸣之声不停歇。盖住金酒杯吧，谁还有心思喝酒呢？琴瑟横放一边，泪水浸湿了远行的车轼。

比喻到达理想与志向的条件。

李白《陪族叔刑部侍郎晔及中书贾舍人至游洞庭五首》：“南湖秋水夜

无烟，耐可乘流直上天。且就洞庭赊月色，将船买酒白云边。”秋夜南湖睡眠澄澈无烟，顿时便有乘船直上天的冲动。此处诗人有一种遗世独立、羽化成仙的念头。孟浩然《临洞庭湖赠张丞相》：“欲济无舟楫，端居耻圣明。坐观垂钓者，徒有羡鱼情。”欲摆渡，却无船；欲钓鱼，却没鱼竿。诗人以此喻自己想要施展抱负却无法实现的愁绪。刘禹锡《酬乐天扬州初逢席上见赠》：“沉舟侧畔千帆过，病树前头万木春。”诗人以“沉舟”“病树”自感怀才不遇，但却又说沉舟侧畔，有千帆竞发，病树前头，万木生春，可见诗人豁达的胸襟。

舟是人们到达彼岸的希望，是亲人两地相思的见证，是游子思念故乡的缩影，是仕人远离尘嚣的寄托，更是达到理想境地的象征。就让我们乘着时间这叶小舟，在经典诗词与当代写作中自由划行。

桥：烟柳风丝拂岸斜

离别，思念不断。

杜牧《寄扬州韩绰判官》：“二十四桥明月夜，玉人何处教吹箫？”在明月映衬下，扬州的二十四桥分外妖娆，好友你在干什么呢？在教美人吹箫吗？诗人通过对昔日相聚欢乐地点和时间的回顾，遥寄对好友韩绰的怀念。唐代诗人项斯《咸阳别李处士》：“古道自迢迢，咸阳离别桥。”唐代綦毋潜《送章彝下第》：“长安渭桥路，行客别时心。”好友落第，渭桥送别，无言以对，只有悉心劝勉。陆游则写下了思念从兄的词作《渔家傲·寄仲高》：“寄语红桥桥下水，扁舟何日寻兄弟？”词人向象征家乡的红桥说道，桥下流水，何时才能载着自己的归舟和兄弟重聚呢？贺铸在《横塘路》中，表面写对女子的思念，实际写自己的闲愁：“锦瑟华年谁与度？

月桥花院，琐窗朱户，只有春知处。”美好年华与谁共度呢？是环境清幽的月台花榭，还是雕饰富丽但紧锁的房室？只有春知道她的居处。南宋蔡伸《一剪梅》：“柳下朱门傍小桥。几度红窗，误认鸣镳。”柳树下的朱门临近小桥，多少次天黑点亮蜡烛映红了窗户，还以为是他打马经过。

山桥霜桥，象征羁旅行役。

桥的意象在表达羁旅愁思时，往往突出一个“早”字。刘禹锡《途中早发》：“寒树鸟初动，霜桥人未行。”张籍《送蜀客》：“山桥日晚行人少，时见猩猩树上啼。”罗邺《洛阳春望》：“愁上中桥桥上望，碧波东去夕阳催。”温庭筠《商山早行》：“鸡声茅店月，人迹板桥霜。”马致远《天净沙·秋思》：“枯藤老树昏鸦，小桥流水人家，古道西风瘦马。”

沧海桑田，抚今追昔。

李益《上洛桥》：“金谷园中柳，春来似舞腰。那堪好风景，独上洛阳桥。”诗人眺望金谷园遗址，看见春天柳条被风轻拂像极了女子舞动的腰肢。面对如此良辰美景，诗人只有孤独地站在昔日繁华的洛阳桥上，心中感慨良多。刘禹锡《乌衣巷》：“朱雀桥边野草花，乌衣巷口夕阳斜。”凭吊东晋时南京秦淮河上朱雀桥和南岸的乌衣巷的繁华鼎盛，而今野草丛生，荒凉残照。感慨沧海桑田，人生多变。杜甫《兵车行》：“车辚辚，马萧萧，行人弓箭各在腰。爷娘妻子走相送，尘埃不见咸阳桥。”咸阳桥，即西渭桥。诗人选择这一西行必经的场地作为亲人送别征夫的背景，表达了对统治者穷兵黩武的不满和愤慨。晚唐诗人雍陶《天津桥望春》：“津桥春水浸红霞，烟柳风丝拂岸斜。翠辇不来金殿闭，宫莺衔出上阳花。”津桥下，落日余晖倒映在春水中，津桥畔，岸边的柳枝随风飘荡，飘拂在水面上。安史之乱后，宫殿紧闭，皇上已不来天津桥，只看见宫里飞出的鸟儿嘴里衔着一片残花。诗人目睹宫阙残破的景象，抚今思昔，有感于盛衰兴亡。姜夔在《扬州慢》中将桥作为追昔的慨叹之所：“二十四桥仍在，波心荡、冷月无声。”当年的明月夜，无数人在桥上赏月，不时听到美人吹箫的声音；而今桥仍在，湖心荡漾，却无人欣赏月亮，多么寂寞的月亮啊。

鹊桥，象征爱情。

秦观《鹊桥仙》：“柔情似水，佳期如梦，忍顾鹊桥归路？”情意绵绵的短暂相会，就如梦幻般稍纵即逝，鹊儿即将远飞，归路也就断绝，匆匆别后，怎么忍心回顾那独自返归的身影？唐代林杰《乞巧》：“七夕今宵看碧霄，牵牛织女渡河桥。”

桥是精神依恋的知己。咸阳桥的离别，渭桥的送行，月桥的相思，桥成了思念的物证，成了心灵的寄托。

桥是奔波的生命线。踏着摇晃山桥，走着早行的霜桥，谋划着生计，桥成了辛苦出行的起点，成了亲人翘盼的终点。

桥是历史的见证。津桥昔日的群臣迎驾，今日的残垣断壁，洛桥往日的繁华热闹，今时的衰败冷清，都在桥上桥畔倾情演绎。

中国被誉为“桥的国度”。遍布于神州大地上的桥，连接着多少的欢笑簇聚，见证过多少的悲苦离别，演绎出多少的人世风情，构成了多少耐人追味的风景。这些桥，映照出我国传统文化上下五千年的绮丽灿烂。

鼓：旌旆逶迤碣石间

箫鼓鸣兮欢乐多，指奏乐庆贺。

刘彻《秋风辞》“箫鼓鸣兮发棹歌，欢乐极兮哀情多”，描写汉武帝泛舟君臣欢宴的情景。当年汉武帝游幸欢乐的地方，还有元好问《摸鱼儿·雁丘词》“横汾路，寂寞当年箫鼓，荒烟依旧平楚”。陆游《游山西村》：“箫鼓追随春社近，衣冠简朴古风存。”既写出春社欢快，又表达了民风的淳朴可爱。苏轼《蝶恋花·密州上元》也说：“击鼓吹箫，却入农桑社。”柳永《望海潮》：“乘醉听箫鼓，吟赏烟霞。”元代徐元杰笔下的湖上春游图：“风日晴和人意好，夕阳箫鼓几船归。”（《湖上》）

社鼓祭祀。

范成大《春日田园杂兴》：“桃奇满村春似锦，踏歌椎鼓过清明。”“社下烧钱鼓似雷，日斜扶得醉翁回。”椎鼓，击鼓。田头祭社的鼓声如雷，傍晚的时候大人们被歪歪斜斜地扶回家。辛弃疾《永遇乐·京口北固亭怀古》：“可堪回首，佛狸祠下，一片神鸦社鼓。”社鼓，祭祀时的鼓声。整句话的意思是，到了南宋时期，当地老百姓只把佛狸祠当作一位神祇来奉祀供奉，而不知道它过去曾是一个皇帝的行宫。

更鼓报时。

李商隐《无题》：“嗟余听鼓应官去，走马兰台类转蓬。”诗人叹息，听到更鼓报晓声应该上朝点卯，策马赶到兰台，自己像随风飘转的蓬蒿。一来说明离开佳人的原因，二来暗含身世飘零之意。杜甫《月夜忆舍弟》：“戍鼓断人行，边秋一雁声。”诗人首先描绘了一幅边塞秋景图：戍楼上的更鼓声，阻断了人们的往来，边塞的孤雁鸣叫，让人思乡之情而生，一幅冷寂萧条景象。苏轼《永遇乐》：“紞如三鼓，铿然一叶，黯黯梦云惊断。”三更鼓声和树叶落地的铿锵声将睡梦中的词人惊醒了。紞，击鼓声。

古代战争中击鼓进攻，鸣锣收兵。

鲍照《代出自蓟北门行》：“箫鼓流汉思，旌甲被胡霜。”写汉军准备投入战斗的场面：箫鼓中传出汉军的豪情壮思，旌甲上沾满胡地的霜露雪花。李贺《雁门太守行》：“半卷红旗临易水，霜重鼓寒声不起。”部队半卷着红旗抵达易水边，凝重的霜湿透了鼓皮，打不起鼓，声音低沉。唐代李华《吊古战场文》：“鼓衰兮力竭，矢尽兮弦绝。”鼓声微弱，战士们已经精疲力竭；箭已射尽，弓弦也断绝了。薛逢《长安夜雨》：“压树早鸦飞不散，到窗寒鼓湿无声。”高适《燕歌行》：“摐金伐鼓下榆关，旌旆逶迤碣石间。”军队击鼓开拔山海关，旌旗在碣石之山间飘扬。唐代诗人祖咏《望蓟门》：“燕台一去客心惊，笳鼓喧喧汉将营。”客心因何而惊呢？首先是因为汉家大将营中，吹笳击鼓，喧声重叠。此句运用南朝梁人曹景宗的诗意：“去时儿女悲，归来笳鼓竞。借问行路人，何如霍去病？”表现军营中号令之严肃。卢纶《晚次鄂州》：“旧业已随征战尽，更堪江上鼓鼙声。”田园家计、事业功名已经被不停息的战乱毁尽，哪能忍受再听见江上鼓角声声。诗人已将思乡之情和忧国之愁结合在一起。苏轼《水调歌头》：“忽变轩昂勇士，一鼓填然作气，千里不留行。”词人用文字来描绘音乐节奏的美感，这三句是词人对音乐起伏变化的想象，像极了勇士大呼猛进的气势。宋代张琼英《满江红·题南京夷山驿》："忽一声、鼙鼓拍天来，繁华歇。"

高兴打鼓，哀伤击鼓，鼓是一种情感的表达。鼓声或缓或急，或如迅雷，或如飙风……它急切的时候，是大兵压境，战事紧急，一触即发；它舒缓时，是太平盛世，歌舞升平，其乐融融；它是抚今追昔的回响，它是令人怀想的回声。听鼓声，读诗行，鼓就成了跳跃的诗句。

玉：钟鼓馔玉不足贵

象征富贵，豪华，精美。

李白《将进酒》："钟鼓馔玉不足贵，但愿长醉不复醒。""钟鼓馔玉"意即富贵生活，富贵人家吃饭时鸣钟列鼎，食物精美如玉。可诗人以为这些是"不足贵"的，并放言"但愿长醉不复醒"。另一首《春夜洛城闻笛》："谁家玉笛暗飞声，散入春风满洛城。"玉，指玉石。玉笛，精美的笛子。张若虚《春江花月夜》："玉户帘中卷不去，捣衣砧上拂还来。"玉户，形容楼阁华丽，以玉石镶嵌。李煜《虞美人》："雕栏玉砌应犹在，只是朱颜改。"故都金陵豪华的宫殿大概还在，只是那些丧国的宫女朱颜已改。这里暗含着李后主对国土更姓、山河变色的感慨。李清照《一剪梅》："红藕香残玉簟秋。"玉簟，光滑似玉的精美竹席。欧阳修《蝶恋花》："玉勒雕鞍游冶处，楼高不见章台路。"玉勒，玉制的马衔。

形容女子肌肤光滑洁白似玉。

曹植《美女篇》："明珠交玉体，珊瑚间木难。"诗人形容采桑姑娘的装扮：身上的明珠闪闪发光，珊瑚和宝珠点缀其间。杜甫《月夜》："香雾云鬟湿，清辉玉臂寒。"诗人写想象中妻子独自久立、望月怀人的形象。

望月已久，雾深露重，故云鬟沾湿，玉臂生寒。辛弃疾《念奴娇·梅》："尝记宝籞寒轻，琐窗人睡起，玉纤轻摘。"玉纤，琐窗人的纤手。

白居易《长恨歌》："金屋妆成娇侍夜，玉楼宴罢醉和春。""花钿委地无人收，翠翘金雀玉搔头。""马嵬坡下泥土中，不见玉颜空死处。""玉容寂寞泪阑干，梨花一枝春带雨。"前四句描写杨贵妃的居所豪华、妆饰奢华，后四句中的"玉颜""玉容"形容杨贵妃的美貌。

早期的字书解释玉，说："玉，石之美者。"可见玉原先也只是一块石头，经过打磨变得美丽起来就可能是玉。这就跟写文章和做人一样，反复雕琢和修改的文章总会越来越好，几经挫折、体悟后的人生才是美丽的。世界上没有相同的两块玉，而好文章也绝不会是雷同的。人生亦是。

金：劝君惜取少年时

象征时间，指光阴流逝。

北朝民歌《木兰诗》："朔气传金柝，寒光照铁衣。"北方的寒气传送着打更的声音，冰冷的月光照着将士们的铠甲。金柝（tuò），即刁斗，古代军中用的一种铁锅，白天用来做饭，晚上用来报更。唐代王贞白《白鹿洞二首》（其一）："读书不觉已春深，一寸光阴一寸金。"因为读书专心，不知不觉已到暮春。时间过得真快，光阴就如黄金般珍贵。王安石《春夜》："金炉香烬漏声残，剪剪轻风阵阵寒。"在等待了近三十年的时间后，王安石终于等到了赏识他锐意变法的新帝。在春夜，激动的诗人无法安睡，看着香炉里的香早已燃尽，漏壶里的水也快滴完了，春夜里的剪剪轻风给人带来阵阵的寒意，恼人的春色令人心烦意乱。第一句便是写时光的流逝。和此诗描写类似的有"曾是寂寥金烬暗，断无消息石榴红"（李商隐《无题》)。

象征物件精美、奢华，生活荣华富贵。

唐代杜秋娘《金缕衣》：“劝君莫惜金缕衣，劝君惜取少年时。”“我”劝你不要顾惜华贵的金缕衣，要珍惜少年美好时光。金缕衣，缀有金线的衣服，比喻荣华富贵。刘方平《春怨》：“纱窗日落渐黄昏，金屋无人见泪痕。”金屋，原指汉武帝少时欲金屋藏阿娇一事。这里指妃嫔所住的华丽宫室。欧阳修《画眉鸟》：“百啭千声随意移，山花红紫树高低。始知锁向金笼听，不及林间自在啼。”词人看着在林间花枝头、树梢上百啭千鸣的画眉鸟，不由得感叹，假如把它们锁在金笼里，即使再美的歌喉也唱不出这动人的歌声。鸟是这样，人不也是这样吗？金笼，贵重的鸟笼，喻指不愁吃喝、生活条件优越的居所。

金，因其难得而显得珍贵。无论是住的屋，还是穿的衣，缀以“金”字，便是华贵的象征。而将时间饰以“金”字，时间也如金子般昂贵，甚至比金子还难得，因为黄金易得，而时光却一去不复返。如果在笔墨前加以“金”字，字也变得不易得，那不就是“惜字如金”吗？这倒也符合我们当下快节奏生活的写作和阅读方式。

镜：天光云影共徘徊

美人照镜，象征闺怨情思。

杜牧的《破镜》：“佳人失手镜初分，何日团圆再会君？今朝万里秋风起，山北山南一片云。”镜初分，比喻夫妻离别，破镜表达的是相思之愁。此诗以镜喻夫妻因征战分离，从而引起绵绵相思。李商隐《无题》：“晓镜但愁云鬓改，夜吟应觉月光寒。”第一句以女子口吻写早晨照镜看到因愁思而致憔悴的容颜。元稹《离思五首》（其一）：“自爱残妆晓镜中，环钗谩簪绿丝丛。”喜欢在早晨的镜子中欣赏残妆，环钗插在头发中。温庭筠《菩萨蛮》：“小山重叠金明灭，鬓云欲度香腮雪。懒起画蛾眉，弄妆梳洗迟。照花前后镜，花面交相映。新帖绣罗襦，双双金鹧鸪。”早起梳妆的宫女看到新帖上的双鹧鸪，羡慕不已。

男子照镜，感伤抒怀。

李白《将进酒》：“君不见，高堂明镜悲白发，朝如青丝暮成雪。”白居易《照镜》：“皎皎青铜镜，斑斑白丝鬓。岂复更藏年，实年君不信。”李益《立秋前一日览镜》：“万事销身外，生涯在镜中。唯将满鬓雪，明日对秋风。”作者在镜中看到了自己的雪白须发，想到了自己的“生涯”，此诗以镜显现满腹辛酸的坎坷生涯，表达诗人对人生际遇的感慨和悲叹之情。陆游《书愤五首》（其一）：“塞上长城空自许，镜中衰鬓已先斑。”想要杀敌报国的志向算是空空自许，揽镜发现两鬓已斑白，都怨这世事磨难，抒发了诗人壮志未酬、时光虚掷之叹。

以镜喻水。

唐太宗李世民《咏雨》：“泫丛珠缔叶，起溜镜图波。”这是唐太宗的一首山雨诗。一串串雨滴像珍珠一样滴下来，又像珍珠一样结在树叶上。大雨在如镜的湖面上泛起了一阵阵涟漪。李白《渡荆门送别》：“月下飞天镜，云生结海楼。”晚上，月亮倒映在江水中，像天空飞来一面镜子。白天，远处天空，云彩变幻无穷，结成了海市蜃楼的奇景。再如韩愈《寒食日出游》：“宋玉庭边不见人，轻浪参差鱼动镜。”戴叔伦《兰溪棹歌》：“凉月如眉挂柳湾，越中山色镜中看。”一弯新月挂在柳湾的上空，月光清朗。越中山色倒映在如镜的溪面上，甚是好看。苏轼《水调歌头·黄州快哉亭赠张偓佺》：“一千顷，都镜净，倒碧峰。”这是词人被贬黄州期间欣赏江边水景而作：千顷明净湖水，像镜子一般的湖面，翠绿的山峰倒映其中。朱熹《活水亭观书有感二首》（其一）：“半亩方塘一鉴开，天光云影共徘徊。问渠那得清如许？为有源头活水来。”半亩方塘像明镜一样清澈澄净，天光云影倒映其中。它为什么能这么清澈呢？原来是方塘的源头有活水不断地注入进来。这是一首抒发读书体会的小诗。“源头活水”是说在学习中不断学习、积累、运用新的知识，人才能永葆活力。鉴，镜子。

以镜喻月。

李白《古朗月行》："小时不识月，呼作白玉盘。又疑瑶台镜，飞在青云端。"另一首《把酒问月·故人贾淳令予问之》："皎如飞镜临丹阙，绿烟灭尽清辉发。"这是李白对月抒怀的诗作。云雾退开了，皎洁的月亮如挂在天际的明镜，散发出清澈的光辉，照在朱红色的宫门上。

以镜喻政治清明。

刘长卿《避地江东留别淮南使院诸公》："何辞向物开秦镜，却使他人得楚弓。"诗人以秦镜感叹因朝政不明，叛乱者从中渔利。李白《送张秀才谒高中丞》："秦帝沦玉镜，留侯降氛氲。"诗人以玉镜之沦指朝政的混乱不清。又"秦人失金镜，汉祖升紫极"（《商山四皓》），以"失金镜"暗指秦朝朝纲败坏，国家灭亡。

这么多镜的意象，让我们不禁欷歔镜的美与愁，从日月山水到情思抒怀，再到朝政清明，镜的意象涵盖了丰富的内容。由此启发，一篇文章就是一个人的镜子。而一篇好的文章就是一面镜子，能照亮读者的心灵。

泪：拭却千行又万行

相思惜别之泪。

李白《乌夜啼》："停梭怅然忆远人，独宿空房泪如雨。"她突然停下如飞的梭子，怅然想起那远去的征人，又想到自己独自守着空洞洞的房子，禁不住苦泪如雨。与秦观《鹧鸪天》"枝上流莺和泪闻，新啼痕间旧啼痕"如出一辙：清晨思妇被树上的莺啼唤醒，远忆征人，泪流不止。韦应物《赋得暮雨送李胄》："相送情无限，沾襟比散丝。"沾襟，指泪。散丝，指雨。暮雨送别，泪、雨交融不可分，使得离情形象化。李清照《蝶恋花》："泪湿罗衣脂粉满。"词人从青州赴莱州途中写给家乡姊妹的，表现出难舍难分的情感。秦观《江城子》："便做春江都是泪，流不尽，许多愁。"词人写离愁别恨，由思及愁，写满江都是泪，可就算浩荡春江日夜东流，也还是"流不尽"词人眼中的泪，心中的愁，可见愁之多之深。

思乡之泪。

杜审言《和晋陵陆丞早春游望》"忽闻歌古调，归思欲沾巾。"白居易《江南送北客因凭寄徐州兄弟书》中有"今日因君访兄弟，数行乡泪一封书"。范仲淹《苏幕遮》："明月楼高休独倚，酒入愁肠，化作相思泪。"因为乡思旅愁，夜间无法入睡，也不敢独自上高楼，虽然月光皎洁，楼上夜景也很美，但一人倚栏眺望，会更增怅惘情绪。只有借酒浇愁，但愁没有浇去，却化作了相思的泪水。元代袁凯《客中除夕》："一杯柏叶酒，未敌泪千行。"除夕夜，诗人旅居异地，无法与家人团聚，一杯柏叶酒怎么能消散心中的愁怨呢？不觉涕泣纵横。"丛菊两开他日泪，孤舟一系故园心"《秋兴八首》（其一），簇簇菊花已开过两遍了，但还不能回到长安故园，昨日泪已流过，今日泪在心中。

宫怨。

白居易《后宫词》："泪湿罗巾梦不成，夜深前殿按歌声。"一边是冷宫中的女子泪如雨下，沾湿罗巾，一边是夜深前殿传来了管弦齐鸣之声。这是一个青春依然但宠幸不在的女人的怨恨之泪。失宠之人的泪何止千行万行呢，如刘皂《长门怨》："泪痕不学君恩断，拭却千行又万行。"

忧国伤怀。

王昌龄《听流人水调子》："岭色千重万重雨，断弦收与泪痕深。"诗人在被贬途中，偶听得筝乐而所思。岭色的雨与迁客的愁相互映衬交融。杜甫的《蜀相》表达了对诸葛亮功业未遂的感慨："出师未捷身先死，长使英雄泪满襟。"《登岳阳楼》由自己的困顿生活提到国事，并为之涕泗："戎马关山北，凭轩涕泗流。"《闻官军收河南河北》："剑外忽传收蓟北，初闻涕泪满衣裳。"捷报突然传来，战乱将息，国将安宁，颠沛流离的日子总算熬过去了，诗人怎能不喜极而泣！陈子昂的《登幽州台歌》表达了生命短暂，不能及时建功立业的孤寂："前不见古人，后不见来者，念天地之悠悠，独怆然而涕下。"元好问《雨后丹凤门登眺》："穷途自觉无多泪，莫傍残阳望吹台。”诗人意识到国家难逃厄运，于是写道：在面临穷途末路之时，自觉悲极无泪，望着昔日咏歌游乐过的吹台，被夕阳涂上黯淡的色彩，今昔对比，心情更加沉重。又喻国家之尽的《甲子除夜》：“甲子两周今日尽，空将衰泪洒吴天。”明代夏完淳《别云间》：“无限河山泪，谁言天地宽？”夏完淳因倡议反清，在家乡松江（古称云间）被捕，这首诗就是他在押解上路时而作。在家国沦亡的伤心时刻离别故乡，诗人的痛苦郁积难以抒发，面对苍天大声质问。

读着这些忧伤的、喜悦的诗作，感悟着诗人的情怀，想起了一句话——“眼泪成诗”。思念的、伤怀的、怨恨的滋味，只有泪知道。当内心情感积聚无处抒发时，眼泪是最后的出口。所以，眼泪成诗，是包含了无数无处可言的情感。思妇忆远人而无音信，泪流；望着明月，喝着柏叶酒，听着古调，赏着菊花，家乡的一草一木一花，近在眼前，却远在天涯，泪奔；戎马一生，却国之不存，泪洒。

吴钩：收取关山五十州

吴钩，是古代吴地出产的一种宝剑。

寄寓诗人任侠气质。

鲍照《代结客少年场行》：“骢马金络头，锦带佩吴钩。”毛色青白相间的青骢马戴着金色的笼头，游侠少年锋利的吴钩刀环上佩戴着锦缎带。李白《侠客行》：“赵客缦胡缨，吴钩霜雪明。银鞍照白马，飒沓如流星。”来自燕赵之地的侠客帽子上随意点缀着胡缨，宝剑如霜雪一般闪亮，白马配银鞍，飞奔起来如飒飒流星。从服饰上可以感受到游侠的豪迈气概。

寄托诗人的报国理想。

李贺《南园十三首》（其五）：“男儿何不带吴钩，收取关山五十州。”面对烽火连天的战争局面，诗人恨不得佩刀出征，收取那关山五十州。岑参《送人赴安西》：“上马带吴钩，翩翩度陇头。小来思报国，不是爱封侯。”诗人送友人去戍守边疆，首联写友人的装备和风姿，颔联写友人立志报国不是为了封侯做官，赞其高尚心灵。辛弃疾《水龙吟·登建康赏心亭》：“落日楼头，断鸿声里，江南游子。把吴钩看了，阑杆拍遍，无人会，登临意。”词人登亭远望，看刀抚剑，拍遍阑干，但南宋统治者也无人能体会他报国无门的心情。词句饱含了作者的家国之忧。

面对国家危难，古代文人并不满足于以文抒情，在他们内心，更渴望像勇士那样在战场上厮杀。吴钩是隐藏在他们灵魂深处的符号，经常发出铮铮之响，催促着诗人去报国。李贺是，辛弃疾亦是。但现实与理想的差距，怀才不遇的激愤，壮志难酬的压抑，让他们只能在笔端写吴钩，在心里喊吴钩。无论是闲居乡野的隐逸，还是山高水长的羁旅中，他们身上的“吴钩气质”一直都在。

琴瑟：结同心尽了今生

比喻夫妇感情和谐，亦作“瑟琴”。

《诗·周南·关雎》：“窈窕淑女，琴瑟友之。”青年想象自己和心爱的女子美满和谐地在一起。又《小雅·常棣》：“妻子好合，如鼓瑟琴。”夫妻相亲相爱，就像琴瑟和鸣。先秦《女曰鸡鸣》：“琴瑟在御，莫不静好。”男子鼓瑟，女子弹琴，比喻夫妻和谐安睦，岁月静好。元代徐琰《蟾宫曲·青楼十咏·言盟》：“结同心尽了今生，琴瑟和谐，鸾凤和鸣。”

艺妓与情人相会，她很在意这份感情，渴望两心如一。

借用丝弦乐器演奏时音韵谐调来比拟情谊深厚。

《诗经·小雅·鹿鸣》："我有嘉宾，鼓瑟鼓琴。鼓瑟鼓琴，和乐且湛。"主人宴请宾客，弹起琴瑟，奏起乐调，尽情欢乐。由这句话而出的诗句有陈子昂《春夜别友人诗》"离堂思琴瑟，别路绕山川"，诗人在离别的厅堂里想起了朋友在一起宴会的欢乐，出行在即，之后山高水远，再见不知何时，想到此，不禁令人更加忧伤。

琴瑟是古琴与古瑟的合称。琴与瑟可以合奏，琴在台前，瑟在台后或台侧的屏风后。这也正与古代女子不轻易见生人，常在屏风后鼓瑟的礼仪一致。如果描写爱情生活，一句"琴瑟在御，莫不静好"，便会涵盖所有美好，让人生发岁月静好的感慨。如果描写友情，"琴瑟"也成了朋友间合拍的最佳形容。

捣衣：断续寒砧断续风

捣衣（捣练），指将制衣的练帛置砧上，用杵捣平捣软，以备裁缝。捣衣有时是为了给远行的人赶制寒衣，多于秋夜进行。月下捣衣，风吹砧声，凄冷的砧杵声又称"寒砧"，往往表现征人离妇、远别故乡的惆怅情绪。

天凉捣衣，表达思妇对征人的牵挂。

李白的《子夜吴歌·秋歌》："长安一片月，万户捣衣声。秋风吹不尽，总是玉关情。何日平胡虏，良人罢远征？"秋月下，长安城里的思妇正在为远征人赶制寒衣，清冷的月光照在捣衣砧上，挥之不去，令思念更浓更深。张若虚《春江花月夜》："可怜楼上月徘徊，应照离人妆镜台。玉户帘中卷不去，捣衣砧上拂还来。”思妇夜不能寐，想要卷帘遮去月光，却不能如愿，想要捣练，误认为捣衣砧上的月光是霜，拂去了还来。“卷不去”“拂还来”的不如人愿，让人的思念愁绪更进一层。沈佺期《独不见》：“九月寒砧催木叶，十年征戍忆辽阳。”又到准备寒衣时节，夫君戍守边塞十余年，何时能归来呢？杜甫《捣衣》：“亦知戍不返，秋至拭清砧。已近苦寒月，况经长别心。宁辞捣熨倦，一寄塞垣深。用尽闺中力，君听空外音。”思妇明白丈夫很难从边疆回家，眼看天气越来越冷，因担心丈夫受寒，她不辞辛劳地赶制一件暖衣。尽管捣制衣服的声音很大，但丈夫却听不到，他只能听到边塞的号角声。北宋是中国历史上最孱弱的一个封建王朝，开国之初，就不断受到边疆少数民族政权的侵扰，所以，朝廷经常征兵，因此而造成的思妇征夫就越来越多。贺铸就此写了《古捣练子》五首，都是讲述思妇捣衣寄远的故事。《夜捣衣》：“收锦字，下鸳机，净拂床砧夜捣衣。马上少年今健否？过瓜时见雁南归。”一名思妇刚下织机，又在砧上连夜捣衣，一边干活一边思忖，夫婿身体是否健康，役期已过，为何只见大雁南归，不见远人回来。《杵声齐》：“砧面莹，杵声齐，捣就征衣泪墨题。寄到玉关应万里，戍人犹在玉关西！”捣衣砧因为经常使用，已经磨得光亮，木杵捶打的声音很有规律，征衣捣好后，含泪写好亲人的名字寄到万里之外的玉门关，可夫婿戍守的地方，还在玉门关往西呢。

砧杵声声，勾起游子对故乡和亲人的思念。

杜甫《秋兴八首》（其一）：“寒衣处处催刀尺，白帝城高急暮砧。”深秋时分，到处一片砧声，家家都在捣练帛制寒衣，客居他乡的诗人顿生无衣之感，更生羁旅愁怀。李清照《行香子》：“闻砧声捣，蛩声细，漏声长。”听着阵阵砧杵声，闻着蟋蟀细微的叫声，词人思念已逝的丈夫，久久不能入睡。李煜《捣练子令》：“深院静，小庭空，断续寒砧断续风。”秦观《满庭芳》：“又是重阳近也，几处处，砧杵声催。”又到重阳，听到捣衣的砧杵声，不由得想到了故乡。这两首词与易安词意境基本相同，都是表现听砧人对亲人的怀念。北宋张耒《风流子》：“木叶亭皋下，重阳近，又是捣衣秋。”这三句词点明了地点和时令，勾起了词人对在家捣衣的妻子的思念。

只要秋至天凉，捣衣声四起，思妇们辛劳着，思念着；无论客居何处，只要砧声一响，游子的心就乱了，归心似箭。

读着这些诗词，遥远的捣衣声穿透时空，有节奏地在我们耳边回响，恍若思念的脚步，有的辅之以如霜的月光，有的伴着飒飒秋风与萧萧落叶。它诠释着诗人的悲秋情愁，诠释着人们对生命和爱的思考。

尺素：山长水阔知何处

在纸张发明之前，用竹木或帛，制成尺把长的版面，用以书写记事，叙情表意，传递消息，因此有尺素、尺函、尺牍、尺鲤、尺笺、尺翰、尺书等多种称谓，其中以尺牍用得最早也最多，故成为信件的代称。

晏殊《蝶恋花》："独上高楼，望尽天涯路。欲寄彩笺兼尺素。山长水阔知何处。"这是晏殊的闺思名篇，写女主人公登上高楼，看路消失在天涯尽头，想要给远人寄一封信，可山高水阔，不知该寄往何处。主人公欲思而不得的心情，更加突出了"满目山河空念远"的悲慨。秦观《踏莎行·郴州旅舍》："驿寄梅花，鱼传尺素。"鱼传尺素，《古诗·饮马长城窟行》中有"客从远方来，遗我双鲤鱼。呼儿烹鲤鱼，中有尺素书。"词人谪居，远方友人的音信，寄来了温暖的关心和嘱咐，却平添了"我"深深的别恨离愁。秦观《兰陵王》："拟寻个锦鳞，寄将尺素，又恐烟波路隔越。"辛弃疾《满江红》："尺素如今何处也，彩云依旧无踪迹。"晏几道《蝶恋花》："欲尽此情书尺素，浮雁沉鱼，终了无凭据。"说的是写了信要寄却无从寄出，寄了也得不到回音。相思之情，真到了无可弥补、无可表达的地步了，那只好借音乐来排遣。

古人用尺牍传音信，是时代的产物，而今人传情的工具早已是高科技产品了。虽然沟通更便捷、及时，可似乎没有了尺牍的厚重感。因为传情、沟通是一个互动的过程，余光中认为，欠信就是欠债。可见，便捷是一件好事，但因此而让尺素寸心失去原来的意义，真是得不偿失啊。

东篱：金粟初开晓更清

陶渊明《饮酒》（其五）："采菊东篱下，悠然见南山。"

后来多用"东篱"表现归隐后的田园生活或娴雅的情致。

李白《感遇》（其二）："可叹东篱菊，茎疏叶且微；虽言异兰蕙，亦自有芳菲。"杜甫《九日寄岑参》："是节东篱菊，纷披为谁秀？"欧阳修《霜》："奈寒惟有东篱菊，金蕊繁开晓更清。"

李清照笔下的东篱，多与重阳赏菊相逢，没有悠然之意，多了相思的惆怅。

李清照《醉花阴》："东篱把酒黄昏后，有暗香盈袖。"重阳佳节，丈夫负笈远游，词人只好独自在种满菊花的东篱边饮酒，菊花的清香溢满双袖。《多丽·咏白菊》："人情好，何须更忆，泽畔东篱。"秋天将尽，菊花越显清瘦，似乎在表达它的不舍之情。此时，词人在结尾用反诘语气写道，如果世人都懂得爱惜、欣赏，何须再去回忆、强调屈原和陶渊明的爱菊呢？易安南渡后写思乡的作品《鹧鸪天》："不如随分尊前醉，莫负东篱菊蕊黄。"作者说不如学学陶渊明，沉醉酒中以摆脱忧愁，不要辜负这东篱盛开的菊花。

东篱，原本指采菊之地。

白居易《咏菊》："一夜新霜著瓦轻，芭蕉新折败荷倾。耐寒唯有东篱菊，金粟初开晓更清。"初秋的霜轻轻地覆在瓦片上，芭蕉和荷花无法御寒，东倒西歪的。只有东篱菊花，金粟般的花蕊让清晨多了一分清香。元代吕止庵《集贤宾·叹世叹浮生》："到秋来看东篱菊绽金，玩长天月似水。正江涵秋景雁初飞，乐吾心笑谈饮数杯。酒逢知契，把黄花乱插满头归。"

东篱，来自山野深处，隔开了尘世的喧嚣，守护着心灵，是“悠然见南山”的惬意；却也阻断了亲人的音讯，让思念在篱笆边萦绕，是“莫道不销魂”的忧伤。

蜿蜒、逶迤的东篱，有春绿夏红秋黄的陪伴，有黧黑泥土的守护，它是乡村一处特殊的风景。当城市的围墙逐渐取代田园的篱笆时，我们可以让东篱留在墨香中，让那至真至美的情味永远留存，可以阅读，可以触摸。

第五编 山水色彩篇

一座座大山，羁旅的游子看到它想到了故乡的那座青山，疲倦于仕途的人看到它想到了悠闲自得的田园生活，向往精神追求的人看到它想到了禅悦。

一条条河流，引起了多少愁思感叹。“问君能有几多愁？恰似一江春水向东流”；“离愁渐远渐无穷，迢迢不断如春水”；“海水梦悠悠，君愁我亦愁”。哀愁的思绪如流水般绵延悠长，也如潮水般汹涌翻腾。愁思内涵虽不同，但愁思的模样却一致。

清代文学家张潮说：“文章是案头之山水，山水是地上之文章。”古代的诗人们正是将地上的文章变成了案头的山水，再加入自己的情感，使得同样的山水有了不一样的情感，同样的情感却是不一样的山水。这也正如俄国著名文学理论家别林斯基所说，“诗人的天才越高，他就越能够深刻而广泛地拥抱大自然”。何况大自然不只是山水呢，还有颜色。白是愁绪与美丽，红是花儿与少女，绿是希望与高洁，黑是黑夜与艰辛……不用赞叹诗人才思，也不用赞叹诗词意境，单是把一个个意象连接起来，也能让人产生无限遐想。

海：长风破浪会有时

海的宏阔，象征不凡的胸襟抱负，抒发积极进取的精神。

曹操在《观沧海》中叙述了自己挥兵荡北的感受：“东临碣石，以观沧海……日月之行，若出其中。星汉灿烂，若出其里。”在他的笔下，大海辽阔浩瀚，拨动了诗人慷慨激昂的心弦。李白《行路难》：“长风破浪会有时，直挂云帆济沧海。”此句表达了诗人准备冲破一切阻力，去施展自己的抱负的豪迈气概和乐观精神。乘长风破万里浪，挂上云帆，横渡沧海，到达理想的彼岸。祖咏《望蓟门》：“沙场烽火连胡月，海畔云山拥蓟城。少小虽非投笔吏，论功还欲请长缨。”战场烽火连天遮掩边塞明月，南渤海北云山拱卫着蓟门城。少年时虽不像班超投笔从戎，论功名“我”想学终军自愿请缨。诗人表达自己立功报国的志向。王之涣《登鹳雀楼》：“白日依山尽，黄河入海流。欲穷千里目，更上一层楼。”诗人目送日落西山、黄河入海，表达向上进取的精神、高瞻远瞩的胸襟。沈括《梦溪笔谈》中曾指出，唐人在鹳雀楼所留下的诗中，以此诗为首，独步千古。

海的深、远，比喻离人之远，思念之深。

《西洲曲》：“海水梦悠悠，君愁我亦愁。”“海水悠悠”，比喻终年的相思没有穷尽，托物寄情。白居易《浪淘沙》：“借问江潮与海水，何似君情与妾心？相恨不如潮有信，相思始觉海非深。”女子将君情比作潮水，虽变化多端，且潮起潮落还有时，可君期未有时，所以“不如潮有信”；将己心比作海水，虽恨，但相思之情比海深，可见其矛盾复杂的心理。李白《远别离》：“海水直下万里深，谁人不言此离苦?”孟浩然《宿桐庐江寄广陵旧游》：“山暝闻猿愁，沧江急夜流。风鸣两岸叶，月照一孤舟。建德非吾土，维扬忆旧游。还将两行泪，遥寄海西头。”这是诗人怀友思乡之作。以“江”急流比喻自己不平静的心情。“海西头”，指扬州，因扬州东临大海而得。诗人幻想凭着沧江夜流，把他的两行热泪带向大海，带给在大海西头的扬州旧友。贾岛《忆江上吴处士》：“兰桡殊未返，消息海云端。”远望天边，友人归来的船只未有一丝踪影，只希望能从缥缈的海云之端带来一些有关他的消息。“海云”二字说明距离之远和音信之渺茫。

面对江海，诗人们忧戚感怀。

《诗经·小雅·沔水》：“沔彼流水，朝宗于海。”流水盈盈向东方，百川归海成汪洋。这是“兴”的部分，由流水汇海引出宁静和平环境中隐藏的深重危机，为下文感叹身世、倾吐忧思的主体作铺垫。张九龄《感遇》：“孤鸿海上来，池潢不敢顾。”渺小的孤鸿见惯了惊涛骇浪，却不敢回顾城墙外的护城河，说明其警惕，诗人自喻自己犹如大海中的一只孤鸿，孤单寥落，不敢回看小河，是因为经历人生沧海，警惕性提高。孟浩然《早寒江上有怀》：“迷津欲有问，平海夕漫漫。”不知渡口在何处，只见茫茫江水在夕阳余晖中荡漾。诗人怀乡思归，也在隐居与从政之间迷茫。同样的，杜甫求人援引又不得而欲归隐的矛盾心理在《奉赠韦左丞丈二十二韵》中表露无遗：“今欲东入海，即将西去秦。”杜牧《将赴吴兴登乐游原一绝》：“欲把一麾江海去，乐游原上望昭陵。”由于在京城抑郁无聊，所以想手持旌麾，远去江海，回首望唐太宗昭陵墓，一为追忆盛世之景，二是思虑当下衰败国景，自己又无处施展抱负，抒发壮志难酬之情。

去看海，看“黄河入海流”的壮观和“长风破浪”的气势；去听海，听“沧江急夜流”的澎湃和“海畔云山”的厮杀；去感海，感“平海夕漫漫”的迷茫和“直下万里深”的思念。数着浪花，读着诗词，感悟着诗人寄予大海的情怀，回味着海的温情与冷酷，从此，我们恋上了那片海。想要为它写诗，想要为它作文，海鸥做伴，彩云相随，想让它的美丽与诗意着于笔墨，永远存留。

白：空里流霜不觉飞

生命。

李白《将进酒》："君不见高堂明镜悲白发，朝如青丝暮成雪。"他的另一首《侠客行》："谁能书阁下，白首太玄经。"意思是说，谁能学扬雄那个儒生，终身在书阁上，头发都白了，还在书写《太玄经》。岳飞《满江红》："莫等闲、白了少年头，空悲切。"

寒冷。

岑参《白雪歌送武判官归京》："北风卷地白草折，胡天八月即飞雪。"白草，西域牧草名，秋天变成白色。王维《山中》："荆溪白石出，天寒红叶稀。"天寒水浅，山溪变成涓涓细流，露出磷磷白石，显得特别清浅可爱。杜甫《月夜忆舍弟》："露从今夜白，月是故乡明。"那是在白露节的夜晚，清露盈盈，令人顿生寒意。

愁绪。

张若虚《春江花月夜》："白云一片去悠悠，青枫浦上不胜愁。""空里流霜不觉飞，汀上白沙看不见。"苏轼《行香子》："任酒花白，眼花乱，烛花红。"如今万念俱空，饮酒度日。哪管它酒花白、眼花乱，以此残念度日吧。

美丽。

苏轼《六月二十七日望湖楼醉书》："黑云翻墨未遮山，白雨跳珠乱入船。"白雨，指夏日阵雨的特殊景观，因雨点大而猛，在湖光山色的衬托下，显得洁白而透明。

如何去描绘白色呢？诗人们给了我们丰富的答案。它是雨露霜雪的主色调，寒冷、晶莹、美丽是它的内容；它是浪花、酒花、生命的颜色，忧愁、哀伤是它的内容。纯洁、哀愁，仿佛是两个极端，让白色成了一种极致的颜色，让人心生好奇。就让我们带着诗人们的诗情，在文字里调制这种颜色，一探究竟。

红：等闲识得春风面

红，因其颜色艳丽如花红，成了花的代名词。

春天的花，“等闲识得春风面，万紫千红总是春”“日出江花红胜火，春来江水绿如蓝”。一切都生机盎然，朝气勃发。夏天来了，春总是会走的，“林花谢了春红，太匆匆!”“泪眼问花花不语，乱红飞过秋千去。”满地的落花，此情此景怎能不令人忧伤？夏天的花也有其可爱之处：“接天莲叶无穷碧，映日荷花别样红。”夏去秋来，红枫成了秋天的形象大使。杜牧《山行》：“停车坐爱枫林晚，霜叶红于二月花。”而在宫廷内，“西宫墙内多秋草，落叶满阶红不扫”。红叶铺满了长长的台阶，飘到幽怨人的身上。冬季银色的世界中，一点红是难寻的了，快看，“桃李莫相妒，夭姿元不同。犹余雪霜态，未肯十分红”（王十朋《红梅》）。

红，因其娇艳，成了女子的代名词。

女子闺楼曰“红楼”，女子妆颜称“红妆”，男子的知己是“红颜”。陆游《钗头凤》：“红酥手，黄縢酒，满城春色宫墙柳。”红酥手，以手喻人，写唐婉之美。而这段爱情最终逃脱不了封建世俗阻隔：“泪痕红浥鲛绡透。”沾染上胭脂的红泪把手帕都湿透了，又怎能不令今日的他肝肠寸断？

每个季节有自己的主色调，春绿，夏红，秋黄，冬白，如果硬要给四季选一个原色的话，那就非红色莫属了。你看，春天的红杏很调皮，竟然跑到庭院外面了；在成片的碧绿荷叶和正午阳光的映衬下，夏日的荷花特别红艳；秋天，经霜而红的枫叶比春日的鲜花还要红呢；冬日，万白丛中一点红梅正迎风傲雪、娇姿曼舞呢。春杏、夏荷、秋枫、冬梅。红色，贯穿了一年的始终。看完了大自然中的红色，再来看看人间的红。人们总说像花一样的女子，那就像赞美花儿那样去描写女子吧。

绿：今夜偏知春气暖

春天的绿植。

唐诗中，写春和月的最多，来读读这些让人眼前顿生美丽春景和无限活力的诗句吧。唐代贺知章《咏柳》："碧玉妆成一树高，万条垂下绿丝绦。"白居易《钱塘湖春行》："最爱湖东行不足，绿杨阴里白沙堤。"杜牧《江南春》："千里莺啼绿映红，水村山郭酒旗风。"韦庄《稻田》："绿波春浪满前陂，极目连云罢亚肥。"而从夜景写春还是很有创意的，如刘方平《夜月》："今夜偏知春气暖，虫声新透绿窗纱。"从绿纱窗外的虫鸣即知春天的暖意，而黑漆漆的夜里，如何知道纱窗是绿色的呢？是因为诗人心中充满了绿色的春意。李煜《虞美人》："风回小院庭芜绿，柳眼春相续。"北宋文学家宋祁《玉楼春》："绿杨烟外晓寒轻，红杏枝头春意闹。"王安石《泊船瓜洲》："春风又绿江南岸，明月何时照我还？"另一首《书湖阴先生壁》："一水护田将绿绕，两山排闼送青来。"诗人描写庭院环境的清幽，一条护田河环绕着绿色，门前两座山葱郁送青来。

高洁。

刘禹锡《陋室铭》："苔痕上阶绿，草色入帘青。"作者论述自己居室虽简陋，但因主人品德高尚，所以屋子也显得不那么简陋了。

乌黑。

南朝吴均《和萧洗马子显古意》："绿鬓愁中减，红颜啼里灭。"白居易《闺妇》："红绡带缓绿鬟低。"绿鬟，指乌黑的鬟发。杜牧《阿房宫赋》："绿云扰扰，梳晓鬟也。"绿云，指宫女梳妆打扮时的浓密黑发。许浑《送客自两河归江南》："遥羡落帆逢旧友，绿娥青鬓醉横塘。"绿娥，指妇女的眉毛，以黛染画，眉呈微绿痕抹。黛是青黑色的颜料，涂之于黄白色的皮肤上，确微微有墨绿意。秦观《江城子》："绿鬓朱颜，重见两衰翁。"

春天，是绿意最浓的时候，万物勃发，生命苏醒。描绘这样的绿色，有大把大把的诗行，可最属"万条垂下绿丝绦"逼真、富有诗意，最属《陋室铭》形象和高洁，最属"绿鬓""绿云"巧妙和新意。带着这样的绿意，去书写自然，去体悟情感，去思考人生，那我们的文章和生命中都会是一片绿意盎然的希望。

黑：满面尘灰烟火色

黑夜。

杜甫《春夜喜雨》："野径云俱黑，江船火独明。"田野间的小路和天空上都是一片漆黑，只有江边的船上透出一点亮光，而这点光芒在四周漆黑的衬托下，愈发明亮，就像诗人在经历多年颠沛流离之后暂时得以寓居浣花草堂一样，心情喜悦无比。清代诗人查慎行《舟夜书所见》："月黑见渔灯，孤光一点萤。"李清照《声声慢》："守着窗儿，独自怎生得黑？"靖康之变后，李清照家破人亡，所以每每写词便是凄凉思念，叙写一个人守窗怎样挨过白昼和黑夜。

喻生活的艰辛，心绪愁情。

白居易《卖炭翁》："满面尘灰烟火色，两鬓苍苍十指黑。"欧阳修《秋声赋》："而况思其力之所不及，忧其智之所不能，宜其渥然丹者为槁木，黟然黑者为星星。"更何况常常思考自己的力量所做不到的事情，忧虑自己的智慧所不能解决的问题，自然会使他红润的面色变得苍老枯槁，乌黑的头发变得花白。《秋声赋》是欧阳修晚年之作，此时其仕途虽已进入顺境，但长期的政治斗争使他看清了世事的复杂，逐渐淡于名利。他也借秋声告诫世人：不必悲秋、恨秋，怨天尤人，而应自我反省。这一立意，抒发了作者难有所为的郁闷心情以及自我超脱的愿望。

指歪曲事实，颠倒黑白。

屈原《九章·怀沙》："变白以为黑兮，倒上以为下。"白的要说成黑的，高的要说成低的。曹植《赠白马王彪》："苍蝇间白黑，谗巧令亲疏。"诗人痛骂在曹丕身边专门挑拨离间、颠倒黑白的小人，使得他们兄弟不得同行。

黑色总给人神秘感，因为它隐藏了太多。李清照看不见的寂寞，卖炭翁看不见的辛酸，欧阳修看不见的苦闷，屈原看不见的悲愤，都是黑色赋予的。但黑色是通往光明的道路，杜甫的"江船火独明"，查慎行的"孤光一点萤"，让我们在黑暗中看见了希望。写文章不也是这样吗？写作之前的构思、立意、选材，写作时的寂寞和坚持，不都像那一点点"黑色"吗？写作完毕的心满意足，不正是那明亮的灯火吗？

青山：联翩万马来无数

远行之人看着他乡青山，遥想故园风景。

戴叔伦《题稚川山水》："行人无限秋风思，隔水青山似故乡。""秋风思"，见西晋张翰典故，借指乡思。奔波在外的游子见秋风起本就有思乡之意，忽见仅一水之隔的青山像极了家乡朝夕相对的山，更牵动了无限乡思。司空曙《贼平后送人北归》："他乡生白发，旧国见青山。"诗人客中送客，一边感叹自己羁旅之愁又深又广，一边想象友人回到故乡，田园庐舍定是一片废墟，唯有青山如故。

青山以其万古长存，暗含时间因素。

许浑《金陵怀古》："英雄一去豪华尽，唯有青山似洛中。"英雄，指曾占据金陵的历代帝王。金陵和洛阳都有群山环绕，且地形相似。这两句话的意思是说今日的金陵除去山川地势与六朝时依然相似，其余的一切都大不一样了。诗人感叹繁华易逝，透露出对家国的担心。杨慎《临江仙》："青山依旧在，几度夕阳红。"清代徐灿《念奴娇·西湖雨感次素庵韵》："雨窗闲话，叹浮生何必，是今非昨。几遍青山酬对好，依旧黛眉当阁。"窗外小雨淅沥，窗内夫妇对坐聊天，感叹时光荏苒，今天已不是昨天的样貌。曾经两人唱和对答，如今青山依旧，黛眉依旧，只是空去了如烟往事。

青山的宽广胸怀、亘古不移、深隐旷达启发诗人超脱淡然。青山，成了栖息身心的家园。

南北朝谢朓《游东田》："不对芳春酒，还望青山郭。"不饮芬芳的美酒，却回望郭外的青山，抒发游赏之乐。刘长卿《送灵澈上人》："荷笠带斜阳，青山独归远。"这是诗人目送灵澈上人归寺的情景。夕阳西下，灵潋背着斗笠，正缓缓地向青山中的竹林寺走去。李白《山中问答》：“问余何意栖碧山，笑而不答心自闲。”《独坐敬亭山》：“众鸟高飞尽，孤云独去闲。相看两不厌，只有敬亭山。”这首诗表现了诗人傲岸的精神和对孤独感的玩味和自我欣赏。

辛弃疾《菩萨蛮·金陵赏心亭为叶丞相赋》：“青山欲共高人语。联翩万马来无数。烟雨却低回。望来终不来。”苍翠的群山仿佛有意要同高雅的人交谈，它们策马奔腾而来，却在茫茫的烟雨中迷了路，徘徊起来，终于没能到达跟前。词人以此暗示自己怀才不遇，壮志难酬。《贺新郎》：“我见青山多妩媚，料青山见我应如是。情与貌，略相似。”“我”看见青山姿态美好，可亲可爱，料想“我”留给青山的印象也是如此吧。因为“我”和青山情感相同，面貌相似。词人将青山人格化，视为知己，表达宁愿落寞也不愿与奸人同流合污的高洁之志。

青山的诗意之色，用来暗示哀婉缠绵的离别之情。

杜甫《奉济驿重送严公四韵》：“远送从此别，青山空复情。”远送至此，就要分别，伫立一旁的青山也似“我”一样含情目送，不忍离开。刘长卿《重送裴郎中贬吉州》：“同作逐臣君更远，青山万里一孤舟。”刘、裴一同被贬，而裴郎中被贬谪的地方更远，诗人目送友人的行船消失在碧波中，相伴而去的除了万里绵延的青山，还有诗人的一颗不舍之心。林逋《长相思》：“吴山青，越山青。两岸青山相对迎。谁知离别情？”山明水秀的吴越风光甚是美好，夹水而立的两岸青山见证了多少离别的场面，它们能真正理解离别之人心中的痛苦吗？

一座座青山，一弯弯绿水，赋予了人们多少诗意。途中的游子见青山“似故乡”，怀志的男儿见青山“多妩媚”，向往桃源的人儿“栖碧山”，真是喜也青山，愁也青山。去描摹一座青山，谢朓的清新秀丽，刘长卿的素朴秀美，辛弃疾的细腻愁怅，林逋的澄清流美，许浑的婉丽苍凉，能使我们的文章在清新淡雅中不乏豪迈厚重，情满青山，文满青山，在历代文人如诗如画的青山之外，再让我们加上一笔。

南山：草盛豆苗稀

象征隐居。

陶渊明《归园田居》中有“种豆南山下，草盛豆苗稀”，《饮酒》中有“采菊东篱下，悠然见南山”的田园诗句。王维《送别》：“君言不得意，归卧南山陲。”这是一首送友人归隐南山的诗。在诗中王维既劝慰好友又对友人的归隐流露出羡慕之情。在另一首《终南别业》中，诗人终于如愿以偿：“中岁颇好道，晚家南山陲。”诗人晚年官至尚书右丞，但看到仕途艰险，便只想超脱尘世。中年开始喜欢佛理，晚年安居在终南山边。卢照邻《长安古意》：“独有南山桂花发，飞来飞去袭人裾。”《诗经·小雅·斯干》：“秩秩斯干，幽幽南山。”流水潺潺小溪涧，林木幽幽终南山。这是一首由建筑群落组成的祝颂歌。这两句是写建筑临水面山，青山秀水，是为可居处。

象征故乡。

孟浩然《岁暮归南山》：“北阙休上书，南山归敝庐。”落第后的孟浩然写仕途失意，写怀才不遇，似乎有一肚子的牢骚要抒发。他写道，不要再给朝廷上书了，让“我”回到南山的破旧茅屋吧。南山，这里指诗人家乡的岘山附近营建的园庐。陆游《秋波媚·七月十六日晚登高兴亭望长安南山》：“多情谁似南山月，特地暮云开？灞桥烟柳，曲江池馆，应待人来。”长安南山的月亮很多情，它为了让词人看清南山的面目，竟然把层层暮云推开了。接着词人进一步联想到灞桥烟柳、曲江池台那些美丽的长安风景区，肯定会多情地等待收复关中的宋朝军队到来。

跟着古人的脚步，我们读南山，感南山，写南山。说到写南山，我们熟知的作家李汉荣先生，他就写有一个“南山”系列的散文。在文章中他说，他来自南山，多年后又回到南山，每日凝望南山，在那最接近精神的天空上，他赞美纯洁的白云，探访仁慈的月光；他说南山是自己的神山，他望着南山欢喜和流泪，然后他看到一株百合花开放了。读完古诗，感受现代南山，那我们的南山文章该怎么写呢？

春山：最是繁丝摇落后

春日山色黛青，因喻指妇人姣好的眉毛，也指代女子。

孙道绚《南乡子·春闺》：“天气困人梳洗懒，眉尖，淡画春山不喜添。”这是一个使人困倦的天气。她感到浑身慵懒无力，起床的时候，还伸了一个长长的懒腰。她简单地梳洗完毕，走到了妆台前。对着镜子，只是草草地画了一下眉毛。宋代吴礼之《雨中花》：“眉扫春山淡淡，眼裁秋水盈盈。”以春山喻眉，以秋水喻眼，而一“扫”一“裁”，是形容女子描眉画眼时的可爱的梳妆动作。纳兰性德《临江仙·寒柳》：“最是繁丝摇落后，转教人忆春山。”最是在柳丝摇落的时候，“我”更免不了去想起当年的那个女子。由柳叶的形态联想到蛾眉的曼妙，联想到心爱的女子，曾经的故事……《西厢记》第三本第二折：“望穿他盈盈秋水，蹙损他淡淡春山。”春山，指眉。

指春色中的山峦，喻别情。

欧阳修《踏莎行》：“平芜尽处是春山，行人更在春山外。”春日思行人，望尽春山，还未见归人。唐代牛希济《生查子》：“春山烟欲收，天淡星稀小。”春山上的雾气开始消退，天色渐亮星星稀淡，天亮人即将离别。

春日，绿草如茵，苍山含黛。在静穆幽远的山谷中，思绪总会天马行空，穿透古今。诗人们关于春山的诗词一一飘过脑海，女子、黛青色蛾眉、离别，就这些字眼已能在笔下流淌成一篇凄清动人的小说。如要写景，春山里的景，春山外的情，定能使文章情景相依，字字生辉。

空山：一片烟笼十里陂

空山，代指精神家园，是诗人对禅悦的向往和体验，指诗人对生命精神的不懈追求。

王维以空山或“空”入诗最多。他不是注重当下的现实，而是将精神和心性融于宇宙之中，禅意极深。“空山不见人，但闻人语响。”（《鹿柴》）“空山新雨后，天气晚来秋。”（《山居秋暝》）“空谷归人少，青山背日寒。”（《酬礼部杨员外》）“山中元无雨，空翠湿人衣。”（《山中》）“人闲桂花落，夜静春山空。”（《鸟鸣涧》）“夜坐空林寂，松风直似秋。”（《过感化寺》）

韦应物《听嘉陵江水声寄深上人》：“水性自云静，石中本无声。如何两相激，雷转空山惊？”诗人夜出，听见嘉陵江水声之大，无法安眠。由此便想：水本安静地流淌，石中也原本无声音，可当两者相遇时，那声响把空山都惊着了。诗人喻指人应当在社会中，像没有相遇的水、石一样，清静无为，不取不舍。虽消极，但可见韦应物的禅学修养不一般。李贺《李凭箜篌引》：“吴丝蜀桐张高秋，空山凝云颓不流。”这是李贺以文字描摹音乐的佳作。箜篌乐起，空山上的浮云好像停滞了一般，仿佛也在俯首倾听这美妙的音乐。同样为曲而谱词，且用到“空山”的还有苏轼《醉翁操·琅然》：“琅然，清圆，谁弹，响空山。”流泉声响如玉，清越圆转，是谁在空灵的山谷中弹奏一曲美妙的乐曲？纳兰性德《南乡子·秋暮村居》：“红叶满寒溪，一路空山万木齐。试上小楼极目望，高低。一片烟笼十里陂。”这首词以轻灵浑朴的笔调描绘村野风光，洋溢着词人恬淡欣喜的情致，这在容若诗词中是很少见的。

从青山到空山，从生活家园到精神家园的升华。当诗人经历生活的磨难、仕途的颠簸后，空旷山谷的幽静、空灵、深远便成了他们精神和心灵的栖息地。由此而及的对音乐和大自然万物的描摹，也是从这一意象出发的。

桃源：涧水浮来落花

写到桃源意象，不得不提及陶渊明的《桃花源记》，它为人们描述了一个自给自足的农耕社会：“阡陌交通，鸡犬相闻”“黄发垂髫，并怡然自乐”，成为后人隐逸的代名词。

指风景美丽的地方。

刘长卿《湘中纪行十首·十围峰》：“夤缘不可到，苍翠空在眼。渡口问渔家，桃源路深浅。”诗人在初秋独游十围峰，其层峦叠嶂、暮霭氤氲的诗意环境让人联想到了美丽的桃花源。诗人置身于其中，恍然是在去往桃源路上，不禁在渡口询问渔者：“去往桃源的路怎么走？”元代张可久《湘妃怨·武夷山中落》：“落花流水出桃源，暖翠晴云满药田。”

指道人修身与隐者养性的地方。

唐代钱起《寻华山云台观道士》：“秋日西山明，胜趣引孤策。桃源数曲尽，洞口两岸坼。”诗人将去华山云台观寻道士的路比作了去桃源的路。唐柳公绰《赠毛仙翁》：“桃源千里远，花洞四时春。中有含真客，长为不死人。”这里的“桃源”指主人公毛仙翁所在的地方，而毛仙翁精通道家法门并有着长生不老之术。刘长卿《寻张逸人山居》：“危石才通鸟道，空山更有人家。桃源定在深处，涧水浮来落花。”逸人所居住的桃源地方只有像鸟道一样险阻的山路，但并不是萧索冷清，因为涧水里还漂着落花呢。

象征爱情。

李清照《凤凰台上忆吹箫》：“念武陵人远，烟锁秦楼。惟有楼前流水，应念我、终日凝眸。凝眸处，从今又添，一段新愁。”就“武陵人”的词面来说，有两层含义：一是指陶渊明《桃花源记》中的以“捕鱼为业”的武陵人；二是刘义庆《幽明录》中的刘晨、阮肇。词人将“武陵人”比作自己的爱人。晏殊《红窗听》：“淡云轻霭知多少，隔桃源无处。”

指代行乐场所。

来看一组“桃源”生活：“记同寻良苑，曾宴桃源”（宋晁端礼《金盏倒垂莲》）的生活是风流倜傥的，“长安市上狂客，为桃源解佩，醉浓欢极”（宋陈允平《六丑》）的生活是舒畅洒脱的，“曾宴桃源深洞，一曲舞鸾歌凤”（唐李存勖《如梦令》）的场景是离别之泪凄凄。

指理想乐土，象征隐逸。

唐代诗人裴迪《崔九欲往南山马上口号与别》：“归山深浅去，须尽丘壑美。莫学武陵人，暂游桃源里。”诗人劝慰崔九既然找到了山水田园之地，就不要学《桃花源记》中的武陵人一样，找到了桃源却轻易放弃。王维《送钱少府还蓝田》：“草色日向好，桃源人去稀。”这是一个身在宦场中的文人试图去寻找一个像桃花源那样无压力的地方归隐身心。秦观《踏莎行·郴州旅舍》：“雾失楼台，月迷津渡。桃源望断无寻处。可堪孤馆闭春寒，杜鹃声里斜阳暮。”屡次遭受贬谪的词人在旅舍观望所感，想要寻觅像桃源那样的避世胜地。

当我们背起行囊，寻访自然山水、乡村炊烟时，不禁会为城市之外的另一种美而心动。炊烟缭绕山间，暮色笼罩大地，此时，陶渊明“阡陌交通，鸡犬相闻”的描摹终于让梦想照进现实，这样的诗情画意让我们看到了生命原本的样子。殊不知，只要我们心中充满美好，无论在繁华的城市，还是素朴的乡村，都能寻得心中的那片桃源。记录和描绘这种美好，我们的文章也便成了纸上的桃源。

长城：朔风吹雪透刀瘢

象征守边将领。

据《南史·檀道济传》记载，檀道济是南朝宋的大将，权力很大，受到君臣猜忌。后来宋文帝借机杀他时，檀道济大怒道："汝乃自毁万里长城也！"很显然是指宋文帝杀害将领，瓦解自己的军队。陆游《书愤五首》(其一)："塞上长城空自许，镜中衰鬓已先斑。"年逾花甲的陆游被罢黜，赋闲在家达五年之久，后又被重新起用。但面对山河破碎风飘絮的现状，再加上他已两鬓斑白，曾经报国豪志恐怕要落空了，时不我待之感袭上心头，他大声哀叹心中的悲怆之情。

象征戍边苦寒环境。

李白《北风行》："倚门望行人，念君长城苦寒良可哀。"思妇倚门，看着眼前来来往往的行人，更加思念远在长城的丈夫。她想着长城肯定比幽州更为苦寒，因此对丈夫的困境多了一份担心。李白通过描写一个北方妇女对丈夫戍边生死未卜的悲愤心情，揭露和抨击了安禄山在北方制造民族纠纷，挑起战祸的罪行。王昌龄《从军行七首》(其二)："撩乱边愁听不尽，高高秋月照长城。"纷杂的舞乐与思乡的愁绪交织在一起，剪不断理还乱。此时高高的秋月照着绵亘起伏的长城，景象壮阔而悲凉。唐代卢汝弼《和李秀才边庭四时怨》(其四)："朔风吹雪透刀瘢，饮马长城窟更寒。"卫戍将士哪个没有负过伤，可吹风冒雪，他们还得继续守卫国土，更何况饮马长城窟更为寒冷、萧瑟。卢照邻《紫骝马》："塞门风稍急，长城水正寒。"

蜿蜒起伏的长城，抵御了外敌，也阻隔了戍边将士与亲人的相聚。动人的舞乐也掩盖不住将士思家的愁绪，音乐有尽，可乡愁无尽啊。亘古不变的长城，熬白了志士的黑发，让豪情成空谈。脚踏长城，看远方苍翠的山，看脚下静穆的城砖和条石，似乎每个缝隙中都有一段沧桑的故事。用血肉筑起的长城，用眼泪哭倒的长城，我们该怎样去描写呢？

流水：离愁渐远渐无穷

此流水，包括江水、溪水、泉水、河水、潭水等。

流水一去不复返，比喻时光流逝。

李白《把酒问月》："古人今人若流水，共看明月皆如此。"今人古人看的是同一轮明月吧，月亘古如斯，人生却如流水疾逝，代代递变。正如张若虚那句"人生代代无穷已，江月年年望相似"。韦应物《淮上喜会梁州故人》："浮云一别后，流水十年间。"浮云，比喻飘忽；流水，比喻时光。这两句写两人各自辗转多地，阔别时间太久。李煜《浪淘沙》："流水落花春去也，天上人间。"词人表达逝者如斯、时不再来的感慨。王安石《桂枝香》："六朝旧事随流水，但寒烟、芳草凝绿。"六朝的往事随流水逝去，只剩下烟波笼罩下的一片芳草，却也日渐枯黄。杜牧《金谷园》："繁华事散逐香尘，流水无情草自春。"当年名园的繁华随着香尘的飘散而逝去，流水看多了前朝旧时，知道那只不过是过眼云烟，所以无情，春来草木自然生绿，悠然生长，也是一副冷眼旁观状。

水的连绵不断，比喻愁情的绵长无尽。又可分为：

写相思之愁：

刘禹锡《竹枝词》："山桃红花满上头，蜀江春水拍山流。花红易衰似郎意，水流无限似侬愁。"以"水流无限"比喻女子的怨思。白居易《长相思》："汴水流，泗水流，流到瓜洲古渡头，吴山点点愁。思悠悠，恨悠悠，恨到归时方始休，月明人倚楼。”倚楼相思，相思之心随着汴水、泗水飘然远去，流水悠悠，天地有尽，而愁思无穷。欧阳修《踏莎行》：“离愁渐远渐无穷，迢迢不断如春水。”在明媚的春光中，旅人却不能留在久安乡，和爱人一起欣赏美景，却要长途跋涉到遥远的地方去，怎么能不勾起离愁呢？离家越远，时间越长，愁情会不会减少呢？不，离愁反而越来越深，就如春水般绵延不尽。周邦彦《夜游宫》：“叶下斜阳照水。卷轻浪、沉沉千里。”余晖透过树叶照在水面上，远处江水卷着细浪缓缓逶迤千里。薄暮时分，绵延江水，勾起词人的相思之情。“沉沉”，是说江水不断的样子，喻愁思缠绵不断。姜夔《鹧鸪天·元夕有所梦》：“肥水东流无尽期，当初不合种相思。”当初两人在合肥相爱，恰如种下相思豆。虽然水流无绝期，红豆却能春来发新枝，而两人却相见无期，还不如当初不相识呢。温庭筠《望江南》：“梳洗罢，独倚望江楼。过尽千帆皆不是，斜晖脉脉水悠悠，肠断白蘋洲。”北宋词人李之仪《卜算子》：“我住长江头，君住长江尾。日日思君不见君，共饮长江水。　此水几时休？此恨何时已？只愿君心似我心，定不负相思意。”“共饮长江水”，流水诉说着离思。“此水几时休？此恨何时已”，江水源远流长，永不止息，就像“我”的离愁，绵绵无长尽。这两句蜕化于汉乐府民歌《上邪》：“上邪！我欲与君相知，长命无绝衰。山无陵，江水为竭，冬雷震震，夏雨雪，天地合，乃敢与君绝。”“江水为竭”是从反面立意。

抒离别之愁：

李白《黄鹤楼送孟浩然之广陵》：“孤帆远影碧空尽，唯见长江天际流。”友人身影已随帆船消逝在天水交际处，李白仍伫立凝望。浩荡的江水是诗人复杂心情的写照，抒发依依惜别之情。严维《丹阳送韦参军》：“丹阳郭里送行舟，一别心知两地秋。日晚江南望江北，寒鸦飞尽水悠悠。”第一、二句写送别韦参军时的情景，一“心”一“秋”为“愁”。第三、四句写韦参军离开后的景色，乌鸦归巢水悠悠。杜甫《所思》：“故凭锦水将双泪，好过瞿塘滟滪堆。”诗人说自己的思念之泪滴入锦江，随水东流，就可以达到友人住地，捎去对友人的思念。

写壮志难酬：

李白《宣州谢朓楼饯别校书叔云》：“抽刀断水水更流，举杯消愁愁更愁。”李白因被谗而离开朝廷，内心十分愤慨地开始了漫游生活。在宣州与故友李云相遇，不久李云要离开，李白在谢朓楼设宴送行。这是一首饯别抒怀之作。重点不在离情，而在感怀，抒发作者自己理想和抱负不能实现的沉郁。杜甫《登高》："无边落木萧萧下，不尽长江滚滚来。万里悲秋常作客，百年多病独登台。"诗人的悲秋之叹，抒发了韶光易逝、壮志难酬、羁旅他乡、孤独愁老的感慨。

抒亡国之痛：

李煜《虞美人》："问君能有几多愁？恰似一江春水向东流。""自是人生长恨水长东!"(《相见欢》)用东流之水来比喻绵绵不断的愁思。

寄吊古兴亡之慨：

辛弃疾化用"不尽长江滚滚来"一句感慨历史的兴衰之作《南乡子·登京口北固亭有怀》："千古兴亡多少事？悠悠。不尽长江滚滚流。"另一首《菩萨蛮·书江西造口壁》："郁孤台下清江水，中间多少行人泪！西北望长安，可怜无数山。　青山遮不住，毕竟东流去。江晚正愁余，山深闻鹧鸪。"这是词人抚今追昔的词作。上片愤怒控诉金兵侵入江西后对百姓的屠杀劫掠；下片抒情，用大江东去比喻不可抗拒的历史潮流，说明抗战的意志不可阻挡。

那潺缓静谧的流水，被诗人赋予了太多的情感，也勾起了诗人们太多的思绪。由于篇幅关系，我们还没有欣赏"燕子飞时，绿水人家绕"的春意未尽，还没有体会"小桥流水人家"的失落叹息，还没有感受"桃花潭水深千尺"的深情厚谊……单是时光流水的疾驰和流水无尽的连绵愁绪，已令我们应接不暇。绵延万里的流水，单取一滴，便是无数的景致和情感，需要我们用时间和真心去理解它、体悟它、学习它，赋予它色调，期盼写成行云流水般的文章。

秋水：水寒风似刀

比喻清澈的眼波。

李贺《唐儿歌》：“一双瞳人剪秋水。”后来便有了“望穿秋水”的典故。“剪水双瞳”的成语亦来源于此。韦庄《秦妇吟》：“西邻有女真仙子，一寸横波剪秋水。”白居易《筝》：“双眸剪秋水，十指剥春葱。”《宴桃源》：“凝了一双秋水。”元代王实甫《西厢记》第三本第二折：“望穿他盈盈秋水，蹙损他淡淡春山。”春山，指眉。元代赵雍《人月圆》：“别时犹记，眸盈秋水，泪湿春罗。”

象征怀念。

杜甫《天末怀李白》：“鸿雁几时到？江湖秋水多。”诗人想到好友李白杳无音信，江湖险恶多端，灾难随时可能发生，因而更加挂念。刘长卿《自夏口至鹦鹉洲夕望岳阳寄源中丞》：“汉口夕阳斜渡鸟，洞庭秋水远连天。”时间已晚，路途遥远，不能到达，只能相思，诗人表达对被贬于岳阳的源中丞的怀念和同情。

指秋天的湖水、江水。

王昌龄《塞下曲·其二》：“饮马渡秋水，水寒风似刀。”深秋军士牵马入水，其艰辛生活和残酷战争可想而知。唐代丘为《寻西山隐者不遇》：“若非巾柴车，应是钓秋水。”诗人想象隐者闲适雅趣的生活：乘柴车出游，到水边垂钓。

眼睛是心灵的窗户，人的喜怒哀乐无不在眼波流转间表现出来。诗人们用秋水、秋波来形容眼神的清澈明亮，贴切形象，富有诗意和美感。在我们写文章描写眼睛时，“秋水”不仅是一个富有情感的表达，而且是对文风的至高追求。“秋水文章不染尘”，此句为清朝邓拓的一副名联的下联。“秋水”亦指庄子《秋水》中包含的积极、深刻脱俗的内涵。后来谓文辞笔墨如秋水一般清澈明净，不沾染半点世俗尘埃，蕴含着一种脱俗无尘的境界。

垂钓：我心素已闲，清川澹如此

象征隐逸。

“垂钓”语出东汉严子陵垂钓富春江的典故。严子陵和刘秀的关系非常密切，刘秀称帝后多次邀请他做官，他都没有答应。后来刘秀又将严子陵请到宫中，想要其做谏议大夫，严子陵终于不辞而行，隐居富春山下，每天在那里垂钓。

孟浩然《望洞庭湖赠张丞相》：“欲济无舟楫，端居耻圣明。坐观垂钓者，徒有羡鱼情。”想渡水却找不到船与桨，圣明时代却闲居实在是羞愧难当。坐看别人临河垂钓，只有羡慕被钓上的鱼。孟浩然的一生，都在仕隐之间纠结，这首诗正有此意。同孟浩然际遇相同的还有北宋词人苏舜钦，其《水调歌头》正是诉说自己隐居的心有不甘：“丈夫志，当景盛，耻疏闲。壮年何事憔悴，华发改朱颜。拟借寒潭垂钓，又恐鸥鸟相猜，不肯傍青纶。刺棹穿芦荻，无语看波澜。”词人壮年时被迫退出官场，被迫过着隐逸的生活，从选词可看出：大丈夫应以壮年闲居为耻，自己迫不得已故作垂钓状，面对着波澜，却受着内心的煎熬。李白《行路难》（其一）：“闲来垂钓碧溪上，忽复乘舟梦日边。”李白受权臣的谗毁排挤，被逼出京，朋友们都来为他饯行。深感仕路艰难的他，满怀愤慨地写下了此诗。这两句是写：诗人忽然间想到姜子牙垂钓遇周文王，伊尹在受商汤任用前曾梦见自己乘舟绕日月而过。想到这两位开始在仕途上不顺利，后来大有作为的人物，李白顿时信心大增。柳宗元《江雪》：“孤舟蓑笠翁，独钓寒江雪。”柳宗元被贬到永州后，精神上受到很大刺激和压抑，于是，他就借描写山水景物，歌咏隐居在山水之间的渔翁，来寄托自己的情感，抒发自己因政治上失意而来的郁闷苦恼。李贺《南园十三首》：“边让今朝忆蔡邕，无心裁曲卧春风。舍南有竹堪书字，老去溪头作钓翁。”李贺曾得到韩愈的推重和相助，但仍不得志。这首诗反映了他的抑郁心情，无心苦吟，打算写字消遣，年老时做一个渔翁了事。王维《青溪》：“我心素已闲，清川澹如此。请留盘石上，垂钓将已矣。”这是诗人归隐后的山水诗。王维借青溪的淡雅来印证自己归隐的淡泊心境，还引用严子陵垂钓富春江的典故，来说明自己想隐居青溪作为归宿。

李清照《钓台》：“巨舰只缘因利往，扁舟亦是为名来。往来有愧先生德，特地通宵过钓台。”易安由临安去金华避乱，途经严子陵钓台，有感而发。大船小舟都只是为了名利而往来，却总觉愧对严子陵的德行，于是每天晚上都经过钓台。辛弃疾《沁园春·带湖新居将成》：“东冈更葺茅斋，好都把轩窗临水开。要小舟行钓，先应种柳；疏篱护竹，莫碍观梅。秋菊堪餐，春兰可佩，留待先生手自栽。”辛弃疾主张抗金，但南宋统治集团却无此意。稼轩自知早晚会被逐出官场，所以他选址筑新居，写诗表达自己的隐居之情。隐居之处要再修一处茅屋作为书斋，要窗户临水，要垂钓，种柳，还有各种花草。其中，梅、竹、兰比喻词人品行高洁。刘克庄《满江红·和王实之韵送郑伯昌》：“晞发处，怡山碧；垂钓处，沧溟白。”王实之、郑伯昌、刘克庄是福建同乡，都因坚持正直操守而罢职闲居家乡。这时，郑伯昌被征召做官，此词便是送别词。词作回忆了三人一起闲居时洒脱放浪，洗净头发，在青山边大海上垂钓的生活。

不论是“独钓寒江雪”，还是“坐观垂钓者”，或亲自“小舟行钓”，诗人们不是真正的垂钓，而是在钓心。经历过官场的磨难，想着垂钓的闲适；过着闲居垂钓的日子，又不甘放弃仕途。这就是世界，这就是人生。

余秋雨在散文《垂钓》中写道：“在他眼中，胖老人忙忙碌碌地钓起那一大堆鱼，根本是在糟践钓鱼者的取舍标准和堂皇形象。伟大的钓鱼者是安坐着与大海进行谈判的人类代表，而不是在等待对方琐碎的施舍。”而文末，他得出，琐碎和伟大的钓鱼者结合才是完整的世界。

我们写文章也一样，反复地锤炼，有否定，有肯定，最后才是满意的定稿，这才是完整的写作经历，这才是文字世界。

第六编 时间空间篇

什么是时间？时间是一种尺度，衡量过去、现在和未来。时间在哪里？时间在美好的年华里，也在世事如流水的浮生里；时间在青丝云鬓里，也在满头白发中；时间在飞扬的红尘中，也在佳人轻盈的步履中。

空间，与时间相对。诗人笔下的空间在充满硝烟和离愁的孤城里，在忧国思家的西楼上，在送别的南浦边、长亭外，在倚栏的双眸凝望处，在拍遍栏杆、壮怀激烈的凭栏处。

一座座孤城，既是战争的遗迹，同时也见证了岁月的沧桑。西楼，既是怀念相思的所在，也是从过去到现在的时光流逝。白发，既是光阴的影子，也是旅人四处奔波、几经颠簸的象征。在诗词中，诗人把时间和空间进行了交替、融合。时间在空间上流淌，永远年轻；空间在时间中被拉长，历经沉淀。它们都承载着诗人、词人的情思，款款而来，令人常读常新。

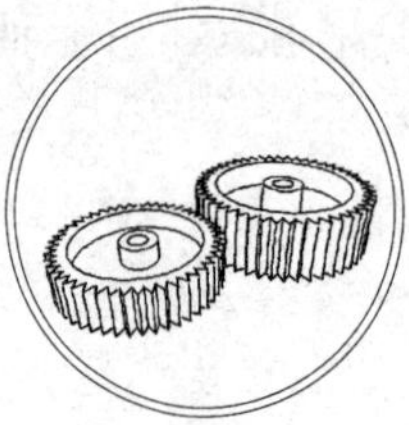

韶华：叹光阴一梦里

象征美好的时光，常指春光。

戴叔伦《暮春感怀》：“东皇去后韶华尽，老圃寒香别有秋。”李唐宾《梧桐叶》第一折：“韶华将尽，三分流水二分尘。”晏几道《清平乐》：“正好一枝娇艳，当筵独占韶华。”词人将歌女小琼比作暮春一枝不谢之花，在酒席筵前独占春光。王雱《倦寻芳慢》：“算韶华，又因循过了，清明时候。”过了清明，春光将尽。陈子龙《点绛唇·春日风雨有感》：“满眼韶华，东风惯是吹红去。”满眼春光，可东风一吹，便是落红无数。这不仅是自然界的变化，诗人也暗喻时代的变化。词人当时处于明清易代之际，对明王朝和百姓怀有满腔热情，就如满眼韶华，可惜清兵南下，到处摧残，犹如东风吹落红。

象征美好的年华，常指青春年少。

李贺《嘲少年》：“莫道韶华镇长在，发白面皱专相待。”不要认为美好的年华会长久存在，发白面皱的日子正在不远处等着呢。秦观《江城子》：“韶华不为少年留。恨悠悠，几时休。”词人感叹青春不再，年华易逝，又将仕途不遇的伤感倾注其中。吕止庵《集贤宾》：“叹光阴一梦里，玩韶华如逝水。”董士锡《虞美人》悲秋之作：“韶华争肯偎人住？已是滔滔去。”曹雪芹《唐多令·柳絮》：“草木也知愁，韶华竟白头。”作者通过林黛玉对柳絮的吟咏，倾诉了自己漂泊无依的苦闷。

韶华，是一年中最灿烂的时光；韶华，也是人一生中最美好的年华。不求璀璨夺目，只愿在青葱岁月里刻上我们欢喜的印记。不要等东风吹红，“韶华将尽”时，常叹光阴如梦。而让韶华永驻的秘诀是，将时光留在文字中，让文字浸润心灵。等“发白面皱”时，依然能静心欣赏秋色韶华。

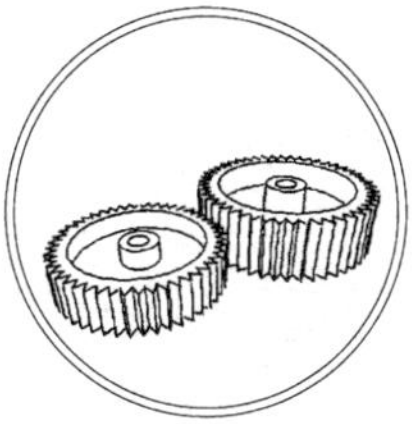

浮生：世事漫随流水

比喻短暂虚幻的人生。

李白《春夜宴桃李园序》：“光阴者，百代之过客也。而浮生若梦，为欢几何？”在桃李芬芳的季节，诗人与堂弟们在园中饮酒作赋，这是为赋所作的序。光阴是古往今来的过客，生死之间，好像梦与醒一样，风云变幻，得到欢乐幸福的能有多少？后两句“浮生若梦、为欢几何”和曹操的“对酒当歌、人生几何”有着同样的豪迈，表现诗人特有的高傲蔑俗、放荡不羁的性格。宋祁《玉楼春》：“浮生长恨欢娱少，肯爱千金轻一笑？”面对“红杏枝头春意闹”的春天美景，词人感叹平日官务缠身，很少有时间或机会从春天里享受人生的乐趣，所以“长恨”，所以宁可弃“千金”而获取短暂的“一笑”。浮生，指飘浮无定的短暂人生。亡国的南唐后主李煜对人生的悲剧性和悲剧的不可避免有着深刻的体验：“世事漫随流水，算来一梦浮生。”(《乌夜啼》)晏殊《木兰花》：“燕鸿过后莺归去。细算浮生千万绪。”燕子、鸿鹄、黄莺相继离开，仔细寻思起来，春光易逝，美好的爱情和如花的年华也一样不长久，漂浮不定，变化莫测，令人千头万绪。徐灿《念奴娇·西湖雨感次素庵韵》：“雨窗闲话，叹浮生何必，是今非昨。”小窗外，细雨淅沥；珠帘内，夫妇对坐。闲话中谈及如烟往事，夫妇二人禁不住顿生今是昨非之叹。

诗人们所处的时代，多是身不由己的选择。读过他们的浮生之叹，令人不禁有戚戚之感。观照当下，大地辽阔，阳光明媚，我们的人生像初春的柳枝，刚开始冒黄绿色的嫩芽。虽然我们的人生长度亦不能延长，但我们可以拓宽它的宽度。去阅读，去书写，去行走，去感悟，浮生之叹也会变为“世界，你好”的问候。

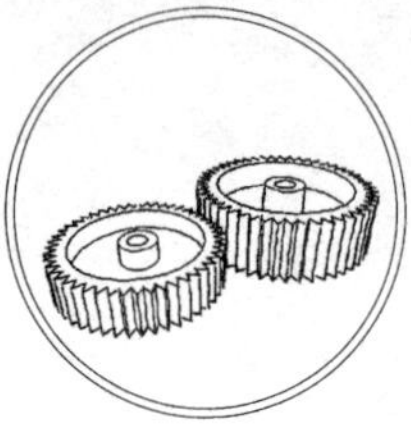

青丝：临镜心情懒

柳絮。

有北周庾信诗“村桃拂红粉，岸柳被青丝”，李白诗“今朝白门柳，夹道垂青丝”为例。

青色丝绳。

两汉《陌上桑》：“青丝为笼系，桂枝为笼钩。”用青色的丝做篮子上的络绳。笼，篮子。《孔雀东南飞》：“箱帘六七十，绿碧青丝绳。”“赍钱三百万，皆用青丝穿。”

马缰绳。

杜甫《前出塞》：“走马脱辔头，手中挑青丝。”宋代刘过《贺新郎·赠张彦功》：“岚湿青丝双辔冷，缓鞚野梅江路。”清代徐倬《湖上赠夏卤均》：“青丝一骑出长安，明圣湖头把钓竿。”

黑发。

李白《将进酒》：“君不见高堂明镜悲白发，朝如青丝暮成雪。”张祜《折杨柳枝二首》（其二）：“凝碧池边敛翠眉，景阳楼下绾青丝。”绾青丝，喻挽情思。张炎《淡黄柳》：“楚腰一捻。羞翦青丝结。”南宋周紫芝

《生查子》："青丝结晓鬟，临镜心情懒。"当年《西厢记》里，张生要去考状元的时候，走之前崔莺莺送的就是一缕青丝，代表思念的意思。张可久《湘妃怨》："胡蝶结青丝障，凤凰枝红锦囊，总是思量。"

一缕缕青丝，是一份份情丝。柳丝碧绿，是暖春的情思；李白青丝染白霜，是愁的情思；"三千青丝齐腰长"，是思念的情思。青丝的柔软多情，成为诗人笔下情意绵延的代名词。春去秋来，看到青丝变黄丝，我们会感叹时光的疾驰飞快。看见母亲满头黑发中夹杂的几根白发，我们会感叹是自己的成长染白了母亲的黑发，是自己的任性让鱼尾纹爬上了母亲的眼角。那一缕缕青丝，是春意暖阳，也是丝丝爱意。

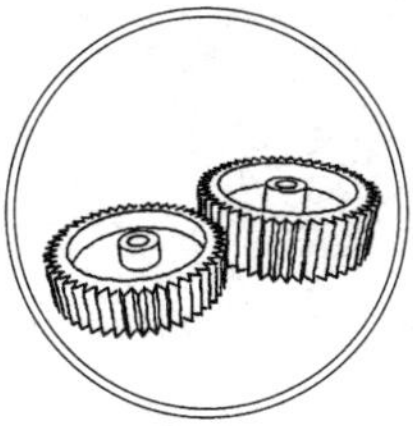

云鬓：徒要教郎比并看

形容妇女浓黑而柔美的鬓发，泛指头发。

在《木兰辞》中写木兰还乡换女装时的诗句："当窗理云鬓，对镜贴花黄。"云鬓，像云那样的鬓发，形容好看柔顺的秀发。李商隐《无题》："晓镜但愁云鬓改，夜吟应觉月光寒。"第一句以女子口吻写因思念夜不能寐，早晨梳妆打扮时发现面容憔悴，忧愁青春逝去。第二句想象男子因思念，对月抒怀，更觉凄冷。云鬓，女子多而美的头发，这里比喻青春年华。白居易《长恨歌》："云鬓半偏新睡觉，花冠不整下堂来。"道士帮助唐玄宗寻找杨贵妃，最后在海上虚无缥缈的仙山上找到了杨贵妃。她云髻半偏便急着下堂来，表现出急于见汉家使者的心情。李清照《减字木兰花》："云鬓斜簪。徒要教郎比并看。"关汉卿《古调石榴花》："俺也自知，金钗款亸云鬓堆。"元代孟德耀《举案齐眉》第二折："依着我宁可乱铺着云鬓为贫妇，怎肯巧画娥眉别嫁人。"

借指年轻貌美的女子。

南朝张正见《山家闺怨》："王孙春好游，云鬓不胜愁。"李贺《湖中曲》："蜀纸封巾报云鬓，晚漏壶中水淋尽。"白居易《长恨歌》："云鬓花颜金步摇，芙蓉帐暖度春宵。""云鬓花颜"是在说杨贵妃的天生丽质貌美姿容，而"金步摇"则渲染了杨贵妃行动间婀娜多姿的美好情态。

读着关于"云鬓"的诗词，想起了迟子建的一篇文章《时间在头发里行走》："我在梳头时发现了一根白发，它在清晨的曙光中像一道明丽的雪线一样刺痛了我的眼睛。我知道时间其实一直悄悄地躲在我的头发里行走，只不过它这一次露出了痕迹而已。"很形象和诗意的表达，但很显然，诗词中的云鬓与白发无关，好像时间没有在它的世界里留下印痕，留下的只有青春年华与美丽容颜。

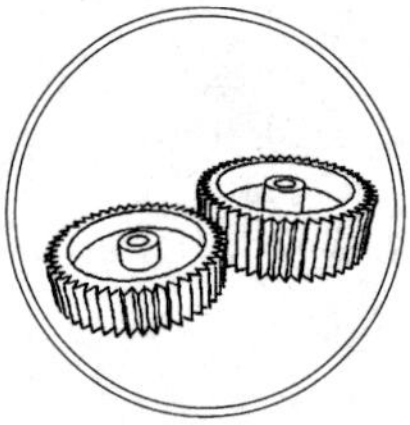

白发：朝如青丝暮成雪

象征迟暮，抒发愁情。

李白《秋浦歌》："白发三千丈，缘愁似个长。"《将进酒》："高堂明镜悲白发，朝如青丝暮成雪。"杜甫《春望》："白头搔更短，浑欲不胜簪。"司空曙《喜外弟卢纶见宿》："雨中黄叶树，灯下白头人。"树叶的枯黄自然会引起人对衰老的联想，所以"白头人"也是迟暮衰老之意。另一首《贼平后送人北归》："他乡生白发，旧国见青山。""生白发"一指羁旅之愁情，二指身处乱世之人过早叹老的心态。薛逢《长安夜雨》："当年志气俱消尽，白发新添四五茎。"岑参《寄左省杜拾遗》："白发悲花落，青云羡鸟飞。"诗人叹息自己年老不中用，其实是嫌官职小。辛弃疾《破阵子·为陈同甫赋壮词以寄之》："马作的卢飞快，弓如霹雳弦惊。了却君王天下事，赢得生前身后名。可怜白发生！”词人想要为国建立功勋，等到两鬓斑白也未能如愿，表达了壮志难酬的感慨。《菩萨蛮·金陵赏心亭为叶丞相赋》：“人言头上发，总向愁中白。拍手笑沙鸥，一身都是愁。”人们总说因愁而发白，那沙鸥全身白色，就都是一身愁绪了？这句是词人诙谐之言，但以乐写哀，让笑和泪相融，更能体现词人既忧愁且无奈的心情。苏轼《浣溪沙》：“休将白发唱黄鸡。”杨慎《临江仙》：“白发渔樵江渚上，惯看秋月春风。”范仲淹《渔家傲》：“人不寐，将军白发征夫泪。”军帐中彻夜难眠，将军愁白发是因为“燕然未勒归无计”，征夫落泪是因为战争没有进展，思乡之情揪人心怀。陆游《关山月》：“戍楼刁斗催落月，三十从军今白发。”由于统治者的投降政策，将士们只能每日听着刁斗报时催落月，想战而不能战，想回而不能回，只能在边塞戍楼熬白了头。金朝白君举《酬元遗山》：“拾遗老去青春暮，司马归来白发多。”诗人以杜、白之不幸为喻。杜甫老境凄苦，饥病交加而终；白居易被贬江州，还京已白发。元好问《秋怀》：“黄花自与西风约，白发先从远客生。”蒙古军南侵，诗人不得一而再、再而三地寓居他乡。深秋季节，菊花与西风相约而至，带给人间不少寒意，白发也欺负人，先从远客头上生。白发喻愁情，这两句诗也寄托了作者悲秋怀乡的感情。张可久《折桂令·九日》：“人老去西风白发，蝶愁来明日黄花。”作者感叹自己已白发苍苍、垂垂老矣，正如明日黄花的衰败，连蝴蝶见了也发愁啊。元代戴表元《感旧歌者》：“头白江南一尊酒，无人知是李龟年。”旧人相遇，发已白，对饮感叹世事沧桑变化。

代指老人。

唐代雍裕之《农家望晴》：“白发老农如鹤立，麦场高处望云开。”正当麦收晒场的时候，风雨欲来，老翁急得站在高处望云开，好让一年的辛苦有个盼头。辛弃疾《清平乐》：“醉里吴音相媚好，白发谁家翁媪？”一对白发老夫妻，略带微醉神态，正操着吴地口音互相逗乐呢。欧阳修《浣溪沙》：“白发戴花君莫笑，《六幺》催拍盏频传。”老人戴花，是不服老的表现，琵琶曲奏玉盏频传，如此春日欢乐景色，真是不能辜负啊。金朝耶律楚材《怀亲》：“黄沙三万里，白发一孀亲。”描写了随军远征的男儿思念家乡亲人的情状。

白发是光阴的影子，岁月的脚步，但在历代诗人心里，白发的含义不只这些，它还有和白发一样苍老的愁情。李白因忧心国事、叹息年华生白发，杜甫因忧国伤时、念家悲已生白发，岑参因感慨年老、难以实现青云之志生白发，辛弃疾因怀才不遇悲愤而生白发，陆游因忧国忧民而生白发，元好问因战事流落他乡而生白发。那一缕缕、一丝丝，终将黑色挪到纸上，只剩白色在头上。

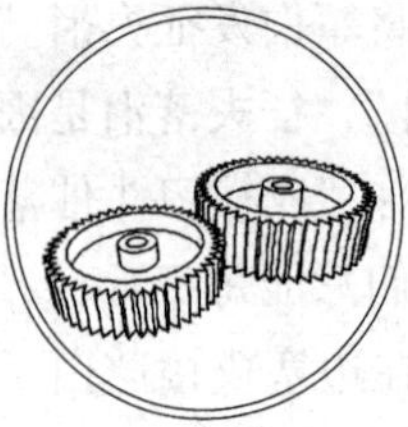

红尘：弱柳青槐拂地垂

指飞扬的尘土。

杜牧《过华清宫》："一骑红尘妃子笑，无人知是荔枝来。"红尘，这里指飞扬的尘土。为了博得美人杨贵妃嫣然一笑，唐玄宗特命专使骑着驿马风驰电掣、不远万里地去南方摘运新鲜荔枝。驿马身后扬起团团尘土，无人知道那只是为了急运荔枝，而不是为了战报。韦庄《秦妇吟》："忽看门外起红尘，已见街中擂金鼓。"卢照邻《长安古意》："弱柳青槐拂地垂，佳气红尘暗天起。"佳气红尘，指车马杂沓的热闹景象。

指人世间，尘世。

秋瑾《满江红》："莽红尘，何处觅知音？青衫湿！"因为一次女扮男装去看戏，秋瑾遭到了丈夫的辱打，至此她再也受不了封建婚姻家庭和旧礼教的束缚，决定走向革命道路。这是欲走之前的苦闷和雄心兼而有之的矛盾心理。苏轼《临江仙·送钱穆父》："一别都门三改火，天涯踏尽红尘。"词人与钱穆父的重逢之日距上次都门帐豪饮已时隔三年，三年来，钱穆父辗转各地，可谓踏遍尘世。明代朱栴《念奴娇·雪霁夜月中登楼望贺兰山作》："下视红尘人海混，脱履不能长啃。"红尘，人世间。王磐《古蟾宫·元宵》："那里有闹红尘香车宝马？祇不过送黄昏古木寒鸦。"闹红尘，尘世热闹。香车宝马，豪华的车马。

小小一粒尘埃，也能成诗成词，不得不赞叹作者的才思。无论是街巷热闹的尘土，还是踏尽天涯的人世，在诗人的笔墨中，都成了蕴含深意的意象。让我们拂去时光的尘土去体悟诗词中的情感，让我们拂去历史的尘埃去珍惜这份文化宝藏，让我们用这情感和宝藏去书写我们的“红尘”。

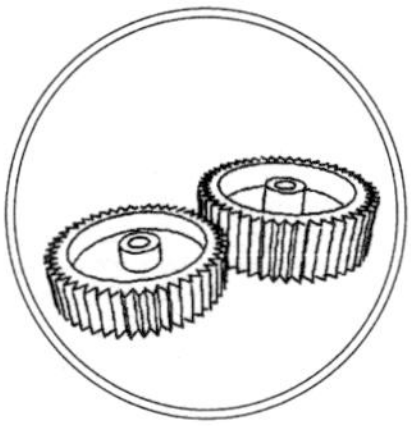

芳尘：凌波不过横塘路

芳香之尘，多指女子之步履而起者。

贺铸《横塘路》：“凌波不过横塘路。但目送、芳尘去。”佳人步态轻盈地走过横塘路，词人只有目送她的倩影渐行渐远，看着她像芳尘一样飘去。表达了词人对其可望而不可即的遗憾之情。宋代毛滂《临江仙·都城元夕》：“谁见江南憔悴客，端忧懒步芳尘。”“江南憔悴客”是词人自指，这时词人正羁旅河南，妻子并不知道自己的窘境。词人设想闺中人对自己的思念。写闺中人看不见江南憔悴客，所以懒于移步去元夜繁华之地。

指落花。

晋人庾阐《杨都赋》：“结芳尘于绮疏。”谢庄《月赋》：“绿苔生阁，芳尘凝榭。”司空曙《送高胜重谒曹王》：“想君登旧榭，重喜扫芳尘。”《乐府群玉·赵文宝》：“堤上芳尘，桥边飞絮，树头红一片无。”

指美好的风气、声誉。

韦应物《送云阳邹儒立少府侍奉还京师》：“甲科推令名，延阁播芳尘。”

暮春落花，飘落水中、尘土中，因芳香有余，故曰“芳尘”。“芳”不只就香气来说，还有褒奖之意。君子美好的品行，声名远播，故曰“播芳尘”。古代女子，每逢出现都是妖娆多姿的。看她走路的步态是“凌波微步”，婀娜的身姿，轻盈的步伐。就连带起的尘土，或者她们走过的道路，都是带有香味的。读至此，不得不赞叹诗人们的才思。如今，锃亮的柏油马路上，到处是快节奏大步伐的“女汉子”，她们的美该怎么形容呢？

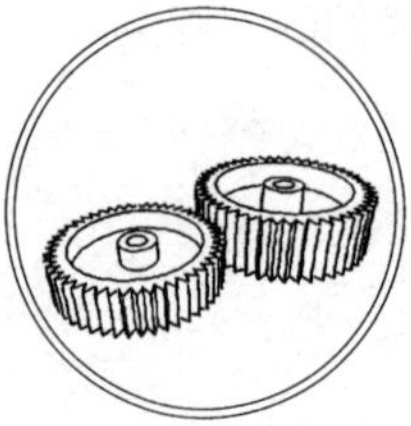

孤城：大漠穷秋塞草腓

一指边塞军事要地，二指战局不利。

王昌龄《从军行七首》（其四）：“青海长云暗雪山，孤城遥望玉门关。黄沙百战穿金甲，不破楼兰终不还。”这首诗从空间和时间两个角度表现从军生活。前两句写西部风光，突出了孤城的重要地理位置和战略意义，写景中流露出戍边将士的自豪感、责任感以及生活的苦寒与单调。后两句写戍边时间之长，战事之艰。高适《燕歌行》：“大漠穷秋塞草腓，孤城落日斗兵稀。”战争一直持续到傍晚，因为主将的骄逸轻敌，使士兵伤亡惨重，只剩下少数士卒稀稀落落返孤城。“孤城”“落日”和衰草营造出惨淡悲凉的气氛，渲染战局失利的悲哀。周邦彦《西河·金陵怀古》：“怒涛寂寞打孤城，风樯遥度天际。”这首词是怀古咏史之作。词人面对金陵“佳丽地”，目睹自然界的沧桑，引起人事兴衰的感触，表现了作者追念古昔和寄慨当今的思想情感。叶梦得《八声甘州·寿阳楼八公山作》：“故都迷岸草，望长淮、依然绕孤城。”怀古伤今之作。故都寿阳为淮河岸上的草所迷，南宋君臣只图苟安，不思恢复，即使临边重镇也日趋荒凉，成为孤城，敌军可以随时攻下。范仲淹《渔家傲·秋思》：“千嶂里，长烟落日孤城闭。”在群山的怀抱中，日落烟雾，孤城紧闭，一派萧条肃杀的边塞秋景图。“孤城闭”三字隐隐透露出宋王朝军事不利的形势。王国维《满庭芳》：“水抱孤城，云开远戍，垂柳点点栖鸦。”江水围绕着孤城，浮云开处，望到远方的戍所。垂柳中栖息着点点昏鸦。

与离人愁绪相结合。

王之涣千古名篇《凉州词》：“黄河远上白云间，一片孤城万仞山。羌笛何须怨杨柳，春风不度玉门关。”辽阔的高原上，黄河奔流而去，好像流入白云间一样。一座孤城在高山、大河的环绕下巍然屹立。将士的羌笛为何老是吹奏那曲悲凉的《折杨柳》呢？玉门关外本来就是春风吹不到的地方，怨也无用！古诗由“一片孤城”的戍边堡垒引出征夫所在，再及杨柳思乡，写得苍凉悲壮，但又没有消沉颓废的情调。杜甫《秋兴八首》(其二)：“夔府孤城落日斜，每依北斗望京华。”诗人由夔府暮景而思念长安。长安在北斗方向，每夜北斗可见，而长安不见，所以自己也是巴东渔歌所云的“听猿实下三声泪”。刘长卿《余干旅舍》：“孤城向水闭，独鸟背人飞。”“孤城”“独鸟”象征孤独无依、漂泊愁苦、无处倾诉的愁闷。王维《送韦评事》：“遥知汉使萧关外，愁见孤城落日边。”这是诗人为韦评事出使北方而作的送别诗。通过对边塞风光的描绘，表达了对友人的关切之情。

能见证沧桑岁月巨变的，莫过于一座孤城。在日暮西山的景色里，去看一座几经湮没在岁月烟尘里的孤城。它的残垣断壁，让我们想起了几千年前的战火纷飞，“孤城闭”“斗兵稀”的场景令人欷歔；孤城空旷的四周，晚风吹来，我们仿佛听到了将士吹奏的羌笛声，听到妇孺嘤嘤的啜泣声，“望京华”“怨杨柳”的相思令人动容。读过这些诗词后，去写一座孤城吧，写它弥漫着硝烟的战火，写它令人不见归期的离愁，写它稀释了的时间……

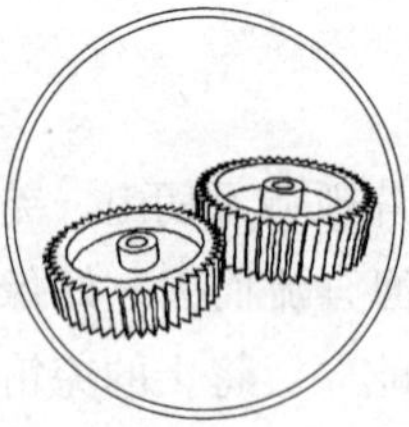

南浦：石桥朱塔两依然

在中国古代诗歌中，南浦是水边的送别之所，象征离别。

屈原《九哥·河伯》：“子交手兮东行，送美人兮南浦。”你拱手作揖，又乘浪东去，“我”在南方水滨送你这位美女。河伯，即滔滔黄河之神。江淹《别赋》：“春草碧色，春水渌波，送君南浦，伤如之何！”渌，清澈。浦，水边。南浦，送别之处。而借用这句的还有张元干《贺新郎·送胡邦谪新州》：“更南浦，送君去。”范成大《横塘》：“南浦春来绿一川，石桥朱塔两依然。”春天的南浦一片绿色，可在这迷人的春光中朋友就要离开了，以后只有石桥和朱塔陪伴着诗人了。白居易《南浦别》：“南浦凄凄别，西风袅袅秋。一看肠一断，好去莫回头。”苏轼《浣溪沙》：“一别姑苏已四年。秋风南浦送归船。”温庭筠《清平乐》：“上马争劝离觞，南浦莺声断肠。愁杀平原年少，回首挥泪千行。”韩元吉《水调歌头》：“我送君舟西渡。君望我帆南浦。明日恨迢迢。且醉吴淞月，重听浙江潮。”

一见“南浦”，便令人顿生忧愁。更何况诗人们要让愁更愁。在大好的春光中离别，以乐景衬哀情；在黄叶飘落、秋风萧瑟的时节挥手，令离愁倍增；在南浦水边分手，别情和流水一样连绵无尽。

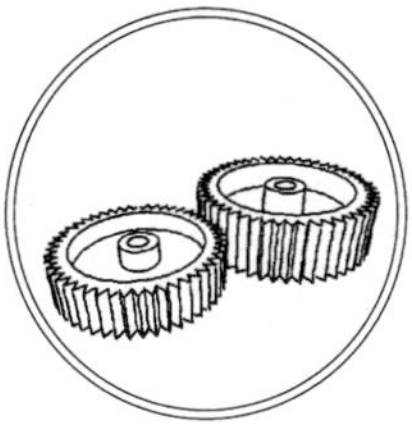

长亭：年少抛人容易去

在中国古代诗歌中，长亭是陆上的送别之所。

李白《菩萨蛮》：“何处是归程？长亭更短亭。”思妇盼望远行人，望着远方，自问，长亭连接着短亭，何处是你回来的路程呢？姜夔《长亭怨慢》：“阅人多矣，谁得似长亭树。”古时五里一短亭，十里一长亭，长亭送别，所以长亭边的柳树看多了离别场景，所以是“阅人多矣”。宋代李弥逊《菩萨蛮》：“江城烽火连三月，不堪对酒长亭别。”战火欲来，词人在长亭送妻子去南方避兵灾。北宋诗僧惠洪《青玉案·和贺方回韵》：“绿槐烟柳长亭路，恨取次、分离去。”取次，仓促之意。古槐绿荫，柳丝笼烟，人们与亲友仓促离别，满腔愁怨。还有晏殊的“绿杨芳草长亭路，年少抛人容易去”（《玉楼春》），林逋的“又是离歌，一阕长亭暮”（《点绛唇》），周邦彦的“戏抛莲药种横塘。长亭无事好思量”（《浣溪沙》），欧阳修的“长亭回首短亭遥。过尽长亭人更远，特地魂销”（《浪淘沙》），以及晏几道的“客情今古道，秋梦短长亭。渌酒尊前清泪，阳关叠里离声”（《临江仙》）都表达了诗人的依依惜别情。

“长亭外，古道边，芳草碧连天。晚风拂柳笛声残，夕阳山外山。天之涯，地之角，知交半零落。一斛浊酒尽余欢，今宵别梦寒。”相信看过电影《城南旧事》的人，一定对这首歌不陌生。它是近代艺术家李叔同写的《送别》，也是作者送别挚友许幻园时所创作的，被赞为文学和音乐的完美结合。其中第一句“长亭外”便是对古代“长亭”意象的借用。

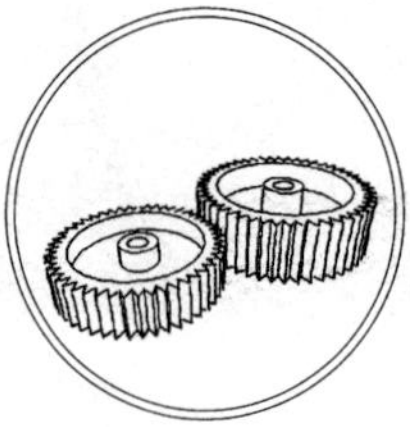

西楼：云中谁寄锦书来

相聚、相离、相思的场所。

许浑《谢亭送别》：“日暮酒醒人已远，满天风雨下西楼。”傍晚时分，酒醒后，友人已经远走，漫天风雨，只留诗人一个人独自离开送别时的谢亭。西楼，即送别的谢亭，指送别之处。韦应物《寄李儋元锡》：“身多疾病思田里，邑有流亡愧俸钱。闻道欲来相问讯，西楼望月几回圆。”诗人居官，一方面身体多病想归隐田园，一方面看到国乱民穷，觉得自己未尽职责有愧，所以盼望友人多来走动，互相谈天宽慰。为此，诗人站在西楼上看着月亮，圆了又缺，缺了又圆，心中感慨万千。李清照《一剪梅》：“云中谁寄锦书来，雁字回时，月满西楼。”晏几道《蝶恋花》：“醉别西楼醒不记。春梦秋云，聚散真容易。”醉别西楼，醒来却浑然不知，犹如春梦秋云，人生聚散实在是太容易。西楼，泛指欢宴之所。写离愁的还有宋代王琪《望江南》：“江南月，清夜满西楼。云落开时冰吐鉴，浪花深处玉沉钩。圆缺几时休。”周紫芝《鹧鸪天》：“调宝瑟，拨金猊。那时同唱鹧鸪词。如今风雨西楼夜，不听清歌也泪垂。”记得当初你抚弄琴瑟，“我”随意拨弄着香炉中的灰烬，我们一起唱着《鹧鸪词》。如今西楼外风雨交加，回忆令人伤心落泪。周邦彦《浪淘沙慢》：“翠尊未竭，凭断云、留取西楼残月。”翠玉杯里的酒还未干，等你回来时再斟满。但愿那朵云彩能留住西楼角上的残月，好让“我”举杯，以表思念。

忧国思家的环境所在。

李煜《相见欢》：“无言独上西楼，月如钩。寂寞梧桐深院锁清秋。”无人共语的词人独自登上西楼，月亮如钩，已是深夜。清秋的梧桐只剩下光秃秃的枝丫，只有淡淡月光透过斑驳的秃枝凌乱而冷寂地洒在地上。这一幅萧瑟的秋景图，是写实，也是词人的心境使然。朱敦儒《相见欢》："金陵城上西楼，倚清秋。万里夕阳垂地、大江流。　　中原乱，簪缨散。几时收？试倩悲风吹泪、过扬州。"站在金陵西城上，倚楼眺望大江东流、夕阳西照的万里秋色。心中自然联想到中原沦陷的国事，词人祈求悲风将自己的热泪吹向扬州前线，透露出词人对故土的怀念以及凄凉悲切的心境。南宋周密《玉京秋》："玉骨西风，恨最恨、闲却新凉时节。楚箫咽，谁倚西楼淡月。""我"独自站立在这萧瑟的秋风中，无人能与"我"共感秋思，只恨白白虚度了这清凉时节。远处传来悲咽的箫声，是谁在淡淡的月色下倚着西楼吹奏呢？词人以缠绵悠长的秋思，来抒发游子思家之情。元代张养浩《殿前欢·对菊自叹可》："可怜秋，一帘疏雨暗西楼，黄花零落重阳后，减尽风流。对黄花人自羞，花依旧，人比黄花瘦。问花不语，花替人愁。"菊花零落时节，作者以菊花自比，菊花有高洁品质，不随流俗，作者也心怀为民谋福祉的志向，但却谪居一方，实比菊花还要可怜三分。

"西楼"这个意象经常与月一起出现在诗词中。当要表达离愁别绪时，"月满西楼""西楼淡月"可以营造最凄清的氛围。"西楼"还与悲秋联系在一起。感时伤怀时，西楼倚清秋，秋雨落西楼，可以创设寂寥悠远的忧思情境。西楼上所见的月、秋、落日、大江，都与西楼一起，与诗人的情感一起，融化在诗词中。

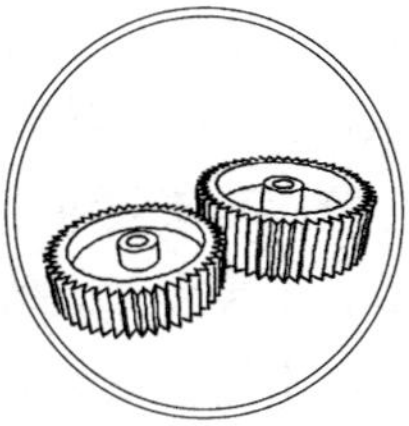

凭阑：依旧竹声新月似当年

凭阑思远人。

冯延巳《鹊踏枝》："一晌凭栏人不见，鲛绡掩泪思量遍。"主人公从清晨到日暮，凭栏远望怀人，可终究是枉然，于是拭泪，思念之情更深更重。凭栏，同“凭阑”；鲛绡，掩泪之巾。据《述异记》记载，鲛绡是南海鲛人所织之绡，而鲛人的眼泪则可以泣泪成珠。此用“鲛绡”，一则可见掩泪之巾的珍美，二则用泣泪之人所织之绡来拭泪，可见其泣相之悲。柳永《凤栖梧》：“伫倚危楼风细细，望极春愁，黯黯生天际。草色烟光残照里，无言谁会凭阑意？”草色如茵，斜晖下一片烟雾弥漫的光色，面如凄美春景，词人怪意没有人能真正理解他登高望远的心情，不只是春愁，还有“为伊消得人憔悴”的思绪。宋代魏夫人《点绛唇》：“波上清风，画船明月人归后。渐消残酒，独自凭阑久。”清风吹拂湖面，月光倾泻，一艘小船载着行人驶向远方。女主人公醉酒渐消，一个人倚靠栏杆良久。她对行人的留恋至深，久久不忍离去。

凭阑思故国。

李煜《虞美人》：“凭阑半日独无言，依旧竹声新月似当年。”登高许久默默无言，依然能听见竹林里传来的风声，还有那新月，和往年没有什么不同，言外之意是故人和故国已不复存在。另一首《浪淘沙》与之意境相同：“独自莫凭栏，无限江山。别时容易见时难。”

凭阑高处，思古伤今，抒发壮志难酬的感慨。

宋代王禹偁《点绛唇·感兴》：“天际征鸿，遥认行如缀。平生事。此时凝睇。谁会凭阑意。”一排大雁在天际飞行，远远望去，就像首尾相缀。望着征鸿，想想平生事，谁会理解“我”登高凭栏的含意呢？抒发了诗人壮志难酬的孤闷心情。辛弃疾《水龙吟·登建康赏心亭》也同样在表达词人报国无门的悲愤：“落日楼头，断鸿声里，江南游子。把吴钩看了，栏杆拍遍，无人会，登临意。”吴文英《八声甘州·陪庾幕诸公游灵岩》：“水涵空、阑干高处，送乱鸦、斜日落渔汀。连呼酒，上琴台去，愁与云平。”词人怀古忧时，遭遇外敌内奸之境，心有余而力不足，只能徒呼“问苍天无语”。这时，天色已晚，遥望太湖之水，目送带着斜晖的乱鸦飞落寒汀。想到这里，词人登上琴台，呼侣传杯，豪情向天际奔驰。岳飞《满江红》：“怒发冲冠，凭栏处、潇潇雨歇。抬望眼、仰天长啸，壮怀激烈。”词人独自登楼远眺，想到中原沦陷，山河破碎，二帝被俘，生灵涂炭，心中怒火好似火山一样猛烈喷发。一个忧愤国事、痛恨敌人的民族英雄形象跃然而出。

姜夔《点绛唇·丁未冬过吴松作》："凭阑怀古。残柳参差舞。"词人凭栏凝望怀想，南宋衰世就如残柳一样，原本纤弱，现在又残破，却又不甘心灭亡。王安石《桂枝香》："登临送目。正故国晚秋，天气初肃。千里澄江似练，翠峰如簇。归帆去棹残阳里，背西风、酒旗斜矗。彩舟云淡，星河鹭起，画图难足。　　念往昔、繁华竞逐。叹门外楼头，悲恨相续。千古凭高对此，谩嗟荣辱。六朝旧事随流水，但寒烟、芳草凝绿。至今商女，时时犹唱，《后庭》遗曲。"这首词是王安石退居金陵所作，通过对金陵秋色的描写，抒发兴亡之叹。"登临"与"凭高"相呼应。

词人们凭栏伫立，烟波满目，千古荣辱涌上心头，只等出口而成的诗词一浇久藏心中的块垒。无论是婉约如李煜词的"别时容易见时难"，还是豪放如半山词的"念往昔、繁华竞逐"，都在凭栏的刹那，慷慨激越，悲凉壮阔。诵读诗词，体会情怀，这是学之储备，如有机会多去行走，登临远眺，我们才有可能将行与学碰撞出灵感的火花，才有可能写就形神具备的美文。

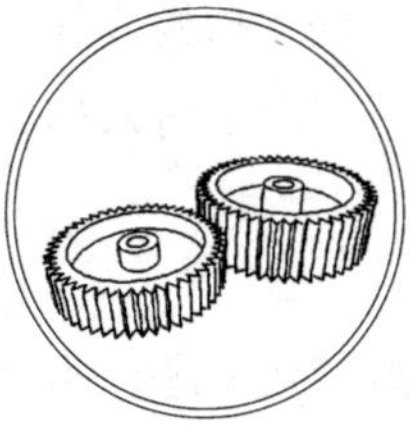

倚楼：多少泪珠何限恨

倚楼泪眼，象征闺妇思念行人。

白居易《长相思》："思悠悠，恨悠悠，恨到归时方始休，月明人倚楼。"李清照《念奴娇·春情》："楼上几日春寒，帘垂四面，玉阑干慵倚。"词人写寒食节对丈夫的思念，独自登楼却帘垂四面，无心欣赏窗外美好的春光，只好慵懒地倚靠栏杆，凝神怀想。《点绛唇·闺思》："倚遍阑干，只是无情绪。人何处。连天衰草，望断归来路。"《浣溪沙》："倚楼无语理瑶琴。"冯延巳《鹊踏枝》："泪眼倚楼频独语。双燕飞来，陌上相逢否？”女子倚靠栏杆泪眼独语，双燕还知归来，可人呢？又如《清平乐》“黄昏独倚朱阑，西南新月眉弯”，写闺妇望月怀人之景。再如《谒金门》：“斗鸭阑干遍倚，碧玉搔头斜坠。终日望君君不至，举头闻鹊喜。”把斗鸭的栏杆处倚遍，仍然无精打采，没有见到心上人，可见女子心情是多么烦躁啊。晏几道《御街行》：“阑干倚尽犹慵去。几度黄昏雨。晚春盘马踏青苔，曾傍绿阴深驻。”回忆昔日与伊人幽会情景，如今斯人不在，独自寂寥。李璟《摊破浣溪沙》：“多少泪珠何限恨，倚阑干。”欧阳修《踏莎行》：“寸寸柔肠，盈盈粉泪，楼高莫近危阑倚。平芜近处是春山，行人更在春山外。”写旅人想象女子对他的怀念之情。北宋寇准《踏莎行》：“密约沉沉，离情杳杳，菱花尘满慵将照。倚楼无语欲销魂，长空黯淡连芳草。”回忆起曾经惜别情景，说好春日人归，却一直杳无音信，任凭菱花镜上落满了灰尘，也懒得去拂拭一下，因为根本没有心情梳妆打扮。黯淡无光的万里长空下，她黯然无语地独倚妆楼，绵绵不尽的相思随着绵延的芳草一直延伸到心上人所在的遥远地方。温庭筠《望江南》：“梳洗罢，独倚望江楼。过尽千帆皆不是，斜晖脉脉水悠悠，肠断白蘋洲。”把早起“独倚望江楼”的迫切企盼与“过尽千帆皆不是”的失望构成强烈反差，又以落日流水的静寂来反衬，肠断之痛令人不堪，以至于后人称这首词为《花间集》之冠。

独倚难眠，象征乡思。

范仲淹《苏幕遮》：“黯乡魂，追旅思。夜夜除非、好梦留人睡。明月高楼休独倚，酒入愁肠，化作相思泪。”因思念家乡而心生悲伤，羁旅的愁思萦绕在心头挥散不去。每天夜里只有好梦才能让自己安睡一会儿。明月皎洁，但却不敢登高倚楼，因为独自一人的眺望，愁绪会更多，只能借酒浇愁，没想到酒入肠却化为相思的泪水。

倚阑凝望，抒发壮志难酬之感慨。

宋代李纲《六么令·次韵和贺方回金陵怀古鄱阳席上作》：“倚阑凝望，独立渔翁满江雪。”词人凭栏远望，想起了柳宗元“孤舟蓑笠翁，独钓寒江雪”的诗句，以此来表明自己独傲江雪的决心，借金陵怀古，抒发自己壮志难酬的愤懑之情和不屈不挠、坚决抗金的决心。

古代文人墨客不管是表达相思之苦，还是抒发思古幽情，大都“爱上层楼”。登高望远，山高水长，天地悠悠，或喜或悲，或伤或愁，都尽在一纸笔墨中，从而为后人留下了许多扣人心弦的诗词名句。诵读经典，琢磨诗人在遣词造句方面的讲究，在“凭阑”与“倚楼”这一对词中，一凭一倚，虽是两个细小的动作，但诗人的情态和心态是大不相同的，需仔细品味。“凭”则两手抚栏，直立远视，有慷慨悲凉之态，“倚”则重心依靠栏杆依托，有娇弱无力之姿，诗词作者正是着眼于这两个动词，把“凭阑”与“倚楼”写得几乎是绰约多姿、姿态万千。